高次元シリウスが伝えたい

水晶（珪素）化する地球人の秘密

ドクタードルフィン 松久正
（地球人進化クリエイター）

ヒカルランド

私たちは今まで、
食べることで
身体をつくってきました。
食べることで
細胞をつくったり、
働かせたり、
人間としての能力を出していました。
だから「よく食べなさい」と
言われてきました。

人間の細胞は有機物質、
炭素をもとにできています。
しかしこれからの人間は、
珪《けい》素《そ》化していかなければならないでしょう。

地球で三つしか出土していない「巨大ロシアンレムリアンクオーツ」の一つ。ドクタードルフィン（著者）に所有されるために、この時代に出現したもの。

身体を珪素化することで、
高いレベルの宇宙の叡智が入り、
今までのように
食べる必要がなくなっていきます。

地球は炭素(C)から
珪素(Si)の時代になりました。
私たちが水晶(珪素)化していく流れは
誰にも止められません。

強力な浄化力を有するアメジストドーム

スモーキークオーツ

診療所にある
石たちのエネルギーが
私を応援してくれています。

可愛らしい
ローズクオーツの
ツインドルフィン

鎌倉ドクタードルフィン診療所の診療室

レムリアン・ドルフィン
高次元シリウスからスーパーレムリア時代の地球に転生したドクタードルフィンの姿。米国のオークションサイトe-bayで、“Lemurian Dolphin”の商品名で挙げられていました。作者、年代不明の神秘の品。私に買われるのを、待っていました。

水晶のツインドルフィン
診療所の石たちの感情やエネルギーを統率してくれているマスタークオーツ。

ラリマーのドルフィン
別名“ドルフィンストーン”と言われ、ドミニカ共和国のみで産出される。診療所のシンボルストーンであり、これからの地球社会に必要な“愛と調和”のエネルギーを注ぐ。

ツインのイルカ（ドルフィン）雲
診療所の窓から見える青空には、頻繁に、私と交流するイルカ雲たちが出現します。診療所にあるツインドルフィンの水晶彫刻のソウルを持つイルカたちです。この日も、鎌倉を、愛と調和の優しいエネルギーでいっぱいにしてくれました。

米国留学時代、Dr.Laraのもとで診療するドクタードルフィン。アリゾナ州フェニックスの全米屈指のGonstead Spine Centerの前で。

高次元シリウスから地球に舞い降りたドクタードルフィンが、この地球最終生で、
地球社会の「禁断の扉」を開ける本書を皆さんにお届けします。

byドクタードルフィン

第１章　高次元シリウスから今生の「愛と喜びの医療」に至るまで

第2章 ソウル・ウェイブ（神の通り道＝神経の流れ）と松果体

第3章

高次元DNAを書きかえて あなたの人生ストーリーを変える

第6章 珪素の秘密とシリコンホール

第7章 身体ソウル・ウェイブ（神経の流れ）の乱れと身体／人生の問題

装丁　三瓶可南子
写真　中谷航太郎
イラスト　浅田恵理子
校正　麦秋アートセンター

第1章

高次元シリウスから今生の「愛と喜びの医療」に至るまで

地球に舞い降りたドクタードルフィン

「あなたの職業は何ですか?」と聞かれたら、私は「地球人進化クリエイター」と答えています。

医者になりたてのころは「整形外科医です」と言っていましたが、そのうち「新しい自然医療、カイロプラクティックをやっています」となり、その後、それも違うなと思うようになり、「量子科学を学び、目に見えないものをやっています」と言うようになりました。

でも、それにも物足りないようになってきて、思い切って「医療にスピリチュアル、精神世界を取り入れています」と胸を張って言えるようになりました。その後、「私の役割は地球人を目覚めさせ、進化・成長させる地球人進化クリエイターです」と答えるようになりました。

私は、自分を「ドクタードルフィン」と呼んでいます。

そのきっかけはアメリカです。新しい医療の勉強でアメリカにいた10年間のうち、最後の4年間はアリゾナ州フェニックスに住んでいました。魂が「セドナに行く必要がある」と感じていたのでしょう。車で1時間半ぐらいで行けるのでよく通っていました。

セドナにはボルテックスという大地のエネルギーがあって、そこに行くと自分の生きがいとか使命に気づいたり、隠れていた感情が引き出されて解放される、新しいものに気づくことができるとよく言われています。酸化鉄の赤い岩（レッドロック）が広がり、まさに地球とは思えないような光景があります。こんな地球があるんだと、強烈な印象を受けました。

セドナにはヒーラーの人をはじめ、さまざまな能力を持ったスピリチュアル関係の人がアメリカじゅうから集まっています。ある人とお会いしたときに、自分は地球に舞い降りた最初の過去生で「ドルフィンだった」ということを気づかされました。
ネットや本で調べると、ドルフィンは、「愛と調和のエネルギーが最も高い生命体」だと言われています。

現代医学は、「あなたは私の言うことを聞かないと動けなくなりますよ。家族と過ごせなくなりますよ。早く死にますよ」というおどしをきかせた、不安と恐怖の医療です。私は、これからは「愛と喜びの医療」にしていかないといけないと考えて、診療所を開いたとき、「鎌倉ドクタードルフィン診療所」という名前をつけました。

私自身はドクターだから「ドクタードルフィン」でいいじゃないかと思いついて、「ドクタードルフィン」と名乗っています。

ドクタードルフィンは、地球人進化クリエイターとして、楽で愉《たの》しく生きる、進化する「新地球人」になるためのシークレットをこの本でお伝えしていきます。

私でなければお伝えできない「地球人の仕組み」と「身体と人生のコントロールの仕方」を本として初公開します。

地球人の生き方を変える魂の超医療

私の診療所では、「魂の超医療」を行っています。私は今までは、「〇〇という医療を行っています」とか、「〇〇メディスンを行っています」と言っていましたが、それでは物足りなくなりました。私が行っているのは医療ではありません。人間として身体を持っているから医療はどうしても欠かせない部分ですが、医療を通して、その人の魂を進化・成長させるので「魂の超医療」と言っています。

普通の病院や診療所、クリニックに行って、「先生、おなかが痛いです。熱もあります」などと言うと、それを抑えたり、何かを補充する薬を出したり、悪いところを取ったり、入れかえたりして、よくなりましたねという治療をします。

つまり、身体の訴えに対して、身体をいじるだけの医療なのです。

心が喜べばそれでいいのですが、心や感情には焦点が合っていません。まして人生を変えることはできません。

それは大きな失敗だということを、私は現代医学にいた10年の実体験の中で知っています。身体の訴えに対して身体をごまかす医療は失敗します。

だから、現代医学は人を救えていません。昔に比べて病気を余計につくっているし、皆さんの感情や人生を狂わせています。人間を退化させると考えています。

あるべき超医療の姿は、身体や人生の問題を出させている「もとのエネルギー」の乱れの発信源、つまり、病気や困難に正しく対処できない「もとの原因であるエネルギー」の乱れを正すように手助けするということです（正す方法は後に述べます）。

これを正すことがすべての生命体、特に地球の人間にとって最も重要なことです。

エネルギーの乱れを正すことは、今まで集合意識に抑圧されて、ネガティブな世界に生かされていた人間が気づいて、変わっていける最も強力な方法だと考えています。

乱れをもとに戻さないと、そういうものから脱出できません。だから、私がこれを提唱していくしかありません。

私の患者さんは、進行したがんの方が多くいらっしゃいます。ステージ4で、もう施す手がないと言われましたという方もいます。そういう方は何年も待たせずに、特別に早く診ます。

難病が進行して治療できない方や先天性疾患のある子ども、心臓の病気、歩けない、話せない、耳が聞こえないという人もいます。もしくは重症のうつ病、自殺願望、実際に自殺を図り、手首を切った人も来ます。首をつって脳に血液が行かなくなって、歩けなくなった人も来ます。

また、人生にあらゆる悩みや困難を持つ人も来院しています。

私はあらゆる人間模様を見ているのです。もちろん幸せで元気な人間も見ていますが、苦しんでいる人間をあらゆる形で見ています。

だから、地球人を変えるための本を書くのに最も適した人材であり、それが私でないとダメな理由は、私はあらゆる人間像に接しており、かつ、人間の基本エネルギーである身体を診ているからです。

エネルギーが整うということ

このような患者さんたちは医療機関に行って、「あなたはもうダメです。治療法はありません。病気とうまくつき合うしかないです」または人生相談をして「諦めなさい」と言われているので、ものすごく抑圧されて、私はダメなんだという思いを持ってクリニックに来ます。そうすると、問診室に入っただけで、その場のエネルギーがとても濁ります。振動波が完全に下がり切っています。

そういう状態で、まず、問診で話すことから始めます。

「あなたの問題が現代医学や現代社会で解決できないと言われているのは、あくまでも低い次元のエネルギーの見方であって、高い次元のエネルギーから見れば、人間はすべてのことが可能になります。

あなたが今持っている病気や困難は自分で選んだものですよ。だから、あなたは勇敢な人ですね。そこからいろいろ気づいて学んでいくと、病気や困難と共存できるか、なくなっていくか。どちらも自分の魂で選べます」という話をします。

いきなり話しても通じない方もいるので、その人の程度に合わせて話していきます。例えば、統合失調症で幻聴が聞こえる人がよく来ます。「神や悪魔が私を支配している」などと言います。

「神や悪魔が私の行動を全部支配してきて、自分の思うようにさせてくれない」とか、「いつも声が聞こえる」とか、「いつも見られている」とか、その手のたぐいのことを言う人が少なからず来院します。

彼らが心療科や精神科に行くと、「それは脳の病気です。あなたの脳の活動がおかしくて、現実にないものを見えるように感じたり、聞こえるように感じるのです」と言われます。しかし、彼らは実際に見たり聞いたりしているのです。

どういうことかというと、テレビやラジオの電波は実際に存在するけれども、チューニングしてキャッチしている周波数のところしか見えたり、聞こえたりしません。それと同じで、彼らは健常人の周波数からはみ出ているのでキャッチしてしまう。だから、「あなたはすばらしい能力をお持ちです。ただ、この世の中ではあまり役立たないし、どちらかというと苦痛です。持たないほうが生きやすいので、違うようにチューニングできるようにしていけば幻聴や幻視はなくなりますよ」と言ってあげるのです。

その人は、そういうものをわざわざ見る、聞くことによって学んでいるのです。

私の診療は、今まで不安・恐怖の医療を受けてきた人に、「愛と喜びの医療」をしていきます。俗っぽい言い方をすると、夢と希望です。

そういう超医療をしていくので、患者の表情が変わり、具合もよくなる人がたくさんいます。

まず、私が患者さんに触れることによってエネルギーが整っていきます。

彼らは、私の診療所に来るだけでエネルギーが整います。

「先生のところに予約が入った時点でよくなりました」と言う人もいます。

それぐらいエネルギーというのはおもしろいものです。

エネルギーが整うとどのように変わっていくのか

今から述べることは、この地球社会で、私が初めて解明したことです。

エネルギーを整えたとき、最初に変わるのが「人生」です。

まず、人生における体験が変わります。あらわれる人、人間関係、おカネ回り、いろいろ変わってきます。

その次に「感情」が変わります。最終的に「身体」が変わります。

この順番がおもしろいのです。

これは、今までの地球社会における常識や固定観念と全く逆です。

だから、私の患者さんは、「音信不通だった人に会えた」「そういえば、最近、夫が優しくなった」、「親子関係がうまくいくようになった」、「友達とけんかしていたんだけど仲直りした」、「会社でも仕事がうまくいくようになった」と言い出します。

そうすると、感情が変わってきて、不安・恐怖がなくなっていき、怒りもなくなり感謝の気持ちが生まれます。自分のことを認めて好きになっていきます。

私は、患者さんを取り巻く環境が変わってきたと感じたり、患者さんが最近不安がなくなってきたと言った時点で、この人は身体がよくなるとわかるのです。

そのときに、身体のよくなる変化の仕方があります。
これはとても大事な点です。

病気の人は常に「私はこれを治したい」、「これさえなければいいのに」と思って生きています。自分は病気だという執着を持っているから、なかなか病気をとりにくい。世の中のエネルギーの法則、鏡の法則で引き寄せるからです。

そういう人は人生が変わって、感情が変わってくると、エネルギーが緩んでくるので、自分が病気であることをちょっと忘れる時間が出てきます。
病気を忘れるのは、楽しいこと、ワクワクする時間が増えてきて、自分を楽しませることに時間を使う余裕が出てくるからです。そうすると、最近耳鳴りがなくなっていたとか、そういえば頭痛が起こっていないとか、生理痛がないことに気づいたとか、身体の調子がよくなります。なかには、検査したらがんが消えていたという人もいました。これが人間の身体がよくなる仕組みです。

これは私が医者で、さまざまな人間模様に接してきたから言える新しい理論です。

今の現代医学は、身体の病気から治そうとするから失敗しているのです。

地球人の生き方を変える魂の超医療とはそういうことです。

私は医療をやっていますが、本当はその人の人生を変えているのです。

魂を変えているということです。

そういう過程で、気づいて学んでいくことが魂が最も望んでいることであって、魂が進化・成長することなのです。

高次元シリウスと過去地球生の思い出

私の魂のヒストリーを紹介しましょう。

私の魂の遍歴は、地球の枠に縛られないぐらい長いのです。

最初は地球外の環境にいました。私のいた高次元シリウス（物質ではなく非物質の高いエネルギーでできたシリウス社会）は地球よりもはるかにエネルギー的に進化していて、楽で愉しいところでした。

高次元シリウス社会は、非物質である水晶（珪素《けいそ》）エネルギーを主体とする、エネルギー変換に非常に優れた星でした。ですから、生命体同士の意識の交流もとてもスムーズで、想いが瞬間に実現する、きれいな社会でした。

しかし、自分の魂にとって物足りないところがありました。こんなに楽で愉しくていいいんだろうかという不安を持っていました。そういう自分のエネルギーを修正して、楽で愉しいという内容をより濃くしたい、質をよくしたいという想いがあったのでしょう。

地球はエネルギーが粗いところですから、「地球の人間」というのが学べる要素が一番高いのです。地球にも無限の層があって、パラレルワールドがありますが、その中で現に私たちが生きている地球社会が最も学べると、自分の魂が選択しているのです。

私が最初に地球に舞い降りたのは、今の地球の時間枠で約1000万年前のことです。地球の時間枠は魂の捉え方によって違ってきますが、私の感覚で言うと、約1000万年前です。

私はまずイルカという形で地球に入りました。そのときにイルカが愛と調和をもたらし、人を癒やしたり、人に気づきを与える役割があるというのはわかっていました。それはスーパーレムリア時代（一般のレムリア時代よりも古く、よりエネルギーの高いレムリアエネルギーを持つ時代）の終わりぐらいです。

スーパーレムリア時代は、本来、イルカが持っている愛と調和のエネルギーがすごく発達した文明でした。地球の物質文明ではあっても、意識と意識の交流はテレパシーレベルでなされ、争いのない、平穏な社会でした。しかし、地球次元にいるとエントロピー増大の法則（時間の経過とともにエネルギーが乱れていく原理）により、集合意識が濁るようで、後期に入ると人々に不安、恐怖が出てきます。そうすると不満とともに怒りや憎しみも出て、集合意識もさらに濁っていって争いが起こるようになります。

私はイルカの存在として人々に愛と調和の重要性を気づかせたいと思っていましたが、何か居心地が悪い。自分の魂の第一歩としては、そこでは地球での使命は完成できませんでした。結局、地球の集合意識を変えることはできませんでした。

そうしてスーパーレムリア時代はいったん、幕を閉じるわけです。

その後、純レムリア時代（一般にいわれるレムリアの時代）も、エントロピーの流れのまま、最後に崩壊しました。

しかし、愛と調和が入ると反エントロピーになって、地球社会は成り立っていきます。

その後、アトランティスや現代文明を経る中で、私は次第に人間という形をとるべきだと考えるようになって、人間にソウル・イン（魂が人間の個体に入ること）するようになったのです。

高次元シリウスにいたときの魂の感覚

しかし、人類の集合意識はなかなか重いものです。今と同じように利権を持った人たちにより、あるときは政治家であり、あるときは経済人であり、あるときは兵士として使命を果たそうとする私の地球上の生命は何度も絶たれてきました。

けれども自分が地球に来た目的、使命があり、それをやらずに地球を去ることはできないので、エネルギー的に進化しながら転生をくり返しています。

ただ、今生は私の最終章、地球の卒業式としてあります。

私が大切にしているのは、**「高次元シリウスにいたときの自分の魂」の感覚です。**

私は、地球に入る前は高次元シリウスという宇宙場のエネルギーにいたのですが、そこは感覚的に言うと、意識を出せばすぐに現実化するところです。例えば誰かと会いたいと思ったら、相手の意識の同意があれば瞬間的に実現します。こういう環境にいたいと思ったら、周囲にそういう環境を瞬間的につくれるのです。

そのときに私は、非物質化した水晶や珪素を効果的に使っていたという感覚を持っていて、それらのエネルギーを高く調整して意識の現実化を促していました。

そのときの感覚が楽で愉しくて、非常に大切だというのが直感的にわかっているので、その感覚を、今、地球でつくり出さないといけないと思っています。

宇宙使命と卒業式になる地球の今生

私は、子どものときに未熟児で生まれて、医者から「数日もたない」と言われていました。生命維持のカプセル（保育器）に入れられて、親によると「もうダメです」と言われたというのです。黒くて、小さくて、話によると周りにハエが飛んでいたそうです。祖母からそれを聞いたときはショックでした。そういう経験も必要だったのでしょう。そこから奇跡的に蘇生《そせい》しました。

私は、未熟児で生まれることは今生を始める前にわかっていましたが、自分の魂があえて選んで、生まれてきました。未熟児のまま死ぬというシナリオも選べたのですが、私の魂は地球での役割があるという選択をしているから蘇生したのです。

子どものときは地球社会がすごく生きにくくて、学校に行くのも、人と会うのもエネルギー的に重い。何でこんなにエネルギー的に重いことをしなければいけないのか、どうしてルールがたくさんあって、それに従わないといけないのか、すごく理解しづらかったのです。

それでも地球で生きていかないといけないので、私がとった生き方は、「自分をバカに見せる」ということでした。幸いに勉強はできましたが、勉強ができると思われたくなかったし、地球で生きていく重さ、苦しみを和らげるために、みんなの前でバカばかりやって笑わせていました。魂のバランスをとるためだったのです。

私の過去生は政治家であったときもあるし、科学者であったときもあるし、宗教家であったときもあります。いつのときも、人間が楽で愉しく生きるための真理を伝えるという使命を果たそうとしてきましたが、想い半ばでした。真理をじゃまとする勢力に毎回命を絶たれてきました。

ただ、その想いを実現するために今回は医師になるべきだということは直感的にわかっていたので、幼少のころから医師になると決めていました。

高次元シリウスから今生に至るまでの私の魂のヒストリーの集大成として、この地球でやるべきことをやるためには、最終生は医師であるべきだと思っていました。中学、高校と柔道ばかりやったり、人を笑わせることばかりやっていたので、あまり勉強していませんでした。それでも勉強はできたのですが、現役の医学部受験は失敗しました。

私は、三重県桑名市生まれです。あの辺で医学部のいいところは旧帝大の名古屋大学や、地元の三重大学です。親は最難関の医学部に行けるとは思っていなかったようで、予備校に行くと言ったら、「名古屋の予備校に行け」と言われました。

私は魂の直感で、私がやるべきことをやるには東京の予備校に行かないといけないと思って、「親の期待を裏切ったら即、帰る」という誓約書に拇印《ぼいん》を押して、東京に行きました。

医学部もいろいろありますが、この地球社会で医師として活動していくには世間で名のあるところでないといけないと感じていました。やはり信頼性とか、発言力ということです。そこで、私は慶應義塾大学医学部に行くべきと直感で感じるわけです。

慶應義塾大学医学部と東京大学医学部は、日本の双璧《そうへき》と言われている医学部で、偏差値80以上の世界です。まさに日本中の秀才が集まるところなので、田舎で柔道ばかりやっていて、人を笑わせてばかりいた人間がそんなところに行けるわけないと誰もが思っているわけです。でも、私は自分が意識を設定してブレなければ行けるだろうとわかっていました。

予備校は、全国の秀才が集まってくる駿台予備校に入りました。そこで1年間、人生の中で一番勉強しました。そういう勉強ができる環境に身を置けたことは幸いで、偏差値を約20上げました。65ぐらいだったのが85、驚異的です。競争倍率42倍も勝ち抜き、慶應義塾大学医学部に合格しました。

そのときに、私は、意識を設定してブレなければできるということを実体験しました。


慶應義塾大学医学部に行く必要があったのは、慶應に行けば、自分は最先端の医療が学べるというのが1つ。2つ目は、最先端の情報が入ってくる。海外交流、留学もしやすくなります。3つ目は、私の活動の世間への説得力が出ます。

慶應義塾大学医学部を出て国家試験に受かった後、本当は慶應義塾大学の医局に残る予定でしたが、母親の病気など家族の状況があって、地元の三重大学の医局に入ったのです。慶應と違って国立の大学なので、やはり「白い巨塔」の世界でした。教授がいて、周りはイエスマンばかりです。妙に居心地が悪かったのです。

それまで現代医学を一生懸命勉強してきたのですが、数年たって、「このまま現代医学にいたらダメだぞ」と、私の魂が語り出しました。

医師の世界は、みんな地位欲が高く、実際に大学病院の中に入ると、患者を助けるという意欲よりも、自分が偉くなりたいという意欲が高い。そういう社会にいると、大事なものが余計見えなくなってきます。

そして、現代医学は薬や手術で身体をごまかし、人生をよくしようとする地球社会の失敗原理に基づいていました。ここからは、人間も社会も進化しないのです。

アメリカのカイロプラクティック大学への道

私には弟と妹がいます。2歳下の弟は日本で柔道整復師と鍼灸師《しんきゅうし》の資格を持っていて、中国留学にて中国医師の免許を取得後、神戸のある先生のところで修業を済ませ患者を診ていました。その神戸の先生が、アメリカのカイロプラクティックという医療の大学を出た先生で、カイロプラクティックのことを弟からよく聞いていました。

カイロプラクティックは、アメリカで約100年少し前に生まれたれっきとした医療であって、薬も手術も用いません。脳から背骨の中に連なっている脊髄《せきずい》という神経の体系に注目して、本来人間が持つ生命力や生命の情報を阻害しているものをとっていく医療であると、弟から聞いていました。

アメリカでは、カイロプラクティックは国家資格を持つドクターになっています。アメリカには、ドクターの国家資格が3つあります。現代医学の医師（メディカルドクター：MD）、オステオパシーの医師（ドクター・オブ・オステオパシー：DO）、もう1つがカイロプラクティックの医師（ドクター・オブ・カイロプラクティック：DC）です。

弟から、「お兄ちゃん、カイロプラクティックの患者さんがこんなふうに回復したんだよ」と聞いていているうちに、興味を持ちました。

カイロプラクティックは日本にもあります。カイロプラクティックの看板を出している人は2万人ほどいるそうですが、本場のアメリカで学んできた人は少なくて、実際にアメリカの大学を卒業した人は100人ぐらいしかいません。ましてや同時に現代医学の医師でもある人はほとんどいません。

現代医学を学んで約10年、私の魂が求めている世界はどこにも描けなかったので、本場アメリカのカイロプラクティック大学に入って学んでみたいと思うようになりました。

日本の大学病院は、現代医学至上主義ですから、私がいた大学の整形外科の教授は「そんなバカなことはやめておけ。そんなわけのわからないものをやってきても何の役にも立たない。ムダなだけでなく、日本の医療界にいられなくなるぞ。村八分みたいにはじき出されて生きていけなくなるぞ」と怒られました。

私も不安、恐怖はもちろんありました。さらに教授は、「もう少し待ったら、自分のコネクションでハーバード大学やジョンズ・ホプキンス大学、現代医学の名立たる憧れの大学に行かせてやってもいいぞ」などと言いました。

ふつうはそれに飛びつくのですが、私の場合は魂のシナリオがあります。

自分がもっと学ばなければいけないことがあるとわかっているので、最後には教授に「勘当するぞ」と言われたのですが、次の朝、教授室に出かけていって、「一晩考えましたが、私にはどうしても必要なことなのです」と伝えました。

5分ぐらい沈黙があって、これはいよいよ勘当の瞬間かなと思いましたが、幸い、「とにかくやってこい。結果だけは出してこい」と言われました。

医者になって9年目のことです。

アメリカでカイロプラクティックを学ぶ

アメリカには国家公認のカイロプラクティックの大学が17校あります。

最初はロサンゼルス・カレッジ・オブ・カイロプラクティック（LACC）に2年間行きました。今はサザン・カリフォルニア・ユニバーシティー・オブ・ヘルス・サイエンス（SCUHS）という名前になっています。

ここに行った理由は、現代医学的に最もレベルの高いことをやっている大学だったからです。

私はそのころはエビデンス、医学の知識が重要だと思っていましたから、それが進んでいるところに入ったのです。

でも、その大学で4年間の課程のうち半分、2年間過ごしたときに、これは薬や手術を行わないだけで西洋医学のただのまねごとではないか、鼻の高い先生ばかりいて、こんなことではダメだと思い、思い切ってアイオワ州ダベンポートにあるパーマー・カレッジ・オブ・カイロプラクティック（パーマー大学）に行こうと決めました。

ここはカイロプラクティック発祥の学校です。1895年にカイロプラクティックの大学ができた最も歴史のある大学で、理念や原理、何よりも「人間を診る」という哲学があったのです。そこの偉人たちの魂にふれないとダメだと感じて転校しました。

しかし、大学同士の仲が悪く、単位を認め合わないのです。すでに得た単位をもう一度やれということで、想定よりも卒業が1年近く遅くなってしまいました。

私は日本の医学部で解剖学も生理学も病理学も全部勉強していたのに、ロサンゼルスでそれをまた英語でやり直しました。

人は「ムダだ」と言いましたが、私にはムダではありませんでした。英語でそれらを復習できたのは、とても意義があります。

また、パーマー大学では、まさに現代医学にないものを味わえました。それは人間は小手先で表面を変えるのでなく、本質的なものを変えていかないといけないということを一番学びました。しかも、いかに患者の数を診るか、おカネ儲けするかでなく、患者がいかに再生し、よくなっていくかということに喜びを感じることが重要だと学びました。

ドクター・ララからブレない魂の強さを学ぶ

それまでパーマー大学に留学した日本人は数名いて、卒業してDCの国家試験に受かると日本に帰る人がほとんどでしたが、私はここでも魂の直感として、「今すぐ帰ったらダメだ」と思いました。

学生時代に、ガンステッド・カイロプラクティック・アンバサダーという資格を取得しましたが、ガンステッドセミナーに出て世界最高レベルの学び、それ以上に実践を積んで患者を診ないと力はつかないとわかっていました。

日本でも医学部を出て国家試験に合格して医師免許を取っても、何もできないのです。先輩から教えてもらわないと最初は注射もできません。手術しても最初は、ただ手伝っているだけ。医療系の大学を卒業しただけでは何もできないというのがわかっていたので、実力を磨かないといけないと思っていました。

私は、ガンステッドセミナーの講師であったアリゾナ州フェニックスのドクター・ララに魅力を感じていました。

この人は存在しているだけで、ほかのドクターたちと違ったのです。

オーラがすごくて、人間性というか、エネルギーの質の高さに惚れて、この人から学ぶべきものがあると直感しました。何があってもブレないというすごさがありました。

ドクター・ララは近寄りがたくて、とても怖い人でした。人を見るときに魂の目でじろっと見る。全部見られている感じがします。

米国中で人気があって、全国から雇ってほしいと志願者が来るのですが、なかなか人を採りません。自分が納得した人間しか採用しないのです。幸いに雇われても厳し過ぎるので、多くの人は半年ももちません。

ドクター・ララは敬虔《けいけん》なクリスチャンで、朝はお祈りから入ります。魂の状態を整えるのです。自分の世界を強く持っていて「俺には一日中話しかけるな。俺が話しかけたときだけ話していい」という厳しい人でした。

私は、そこで4年診療しました。厳しかったけれども、そのおかげで、地球人として重要なブレない魂の強さ、あり方を学べました。

帰国

そろそろ米国で独立して診療しようと思っていたとき、父が腎臓《じんぞう》がんの末期であることが急にわかりました。病院嫌いで病院に行かなかったので、病院に行ったときには全身に転移していました。

「おやじの最期ぐらい、自分が学んできたものを提供して、身体に触れて診てやりたい」と思ったので、それまではアメリカに残ることしか考えていませんでしたが、それがきっかけで日本に帰ることになりました。

永住権があと2~3カ月で取れそうなところまで来ていましたが、ドクター・ララにも父親のことを話し、帰国の想いを伝えたところ、「そうしろ」と言われました。

ただ、急には帰れません。何百人も患者を診ていたので患者にあいさつをし、次のドクターに引き継がなければならない。引っ越しの手続もあって準備に1カ月ぐらいかかりました。

三重県の実家に着いたのは、お葬式が終わった日の夜でした。

死に目には間に合いませんでしたが、父親は私のことばかり心配していたそうです。入院中も「自分が死んでも帰ってこなくていいと言え」と言っていたらしいのです。

今振り返ると、あのころのアメリカはバブルがはじけた直後で、景気が落ちていて、アメリカの永住権を取って開業していても、開業は厳しかったかなと思います。父が、あるべきタイミングで自分の生命に幕引きをして、私を日本に帰らせてくれたと考えています。

鎌倉の診療所（新規予約数年待ち）で起きていること

私の診療所は、おかげさまでベストセラーの健康本が出たことや、全国での口コミにより、現在、新しい人が診療予約すると数年待ちです。全国各地隅々からいらっしャり、特に多いのは九州の人ですが、海外の人もいます。

予約をとると、数年待っていただきますとご案内します。というのは、新しい人は1日2人しかとりません（今後は、体制改善として1日1人に減る予定）。前半、後半1人ずつです。あとは再診の人が35人ずつ、1人3～4分で約70人診るのです。新患は問診・検査の後、レントゲン撮影をして診療するので30分かかります。

一般的な診療所（クリニック）は地元の人が来るところですが、私のところにはなぜ皆さんそんなに遠くから、旅費とホテル代を使って来るのでしょうか。しかも、私の診療費は自費で、安くありません。

それなりの内容を持っているので高いのですが、来る人の魂が、自分にとって必要だと直感的に感じているからだと私は思っています。だから、魂の救済として求めに来るのです。

第2章

ソウル・ウェイブ（神の通り道＝神経の流れ）と松果体

目に見えないレベルの高次元世界へ

今までは、地球の低い3次元（物質）レベルのお話でしたが、皆さんが地球人として生まれ変わっていくには、高次元（目に見えないレベル）の世界を理解していただく必要があります。ここからは、誰もが語ったことのない新しい情報を含む、面白いお話をしていきます。

地球には生命体がたくさんいます。

私の考える生命の原理は、超素粒子（素粒子より繊細な生命の基本粒子）の振動です。エネルギーの動きを持っていることイコール存在ですから、振動を持ったら生命だと考えています。ですから微生物、昆虫、動物はもちろん、植物、鉱物も生命体です。それらはすべて意識を持っています。

地球が形成されるときに、もともと大宇宙に存在する珪素を中心として、地球の土台ができて、そこに水晶や石も同じように発生しました。これらもエネルギーの動きを持ち、意識を持つ生命体です。

最初の個体としての動きを持つ生命体は、珪素を含む微妙な微生物です。プランクトンやウイルス、もっと小さいのはソマチットなど、そういうものもすべて微生物と私は呼んでいます。

原始の地球には意識体である微生物があふれていました。植物ももちろん意識を持っていますが、数は微生物のほうが圧倒的に多い。昆虫にしても、魚にしても、動物にしても、人間にしても、同じエネルギー体です。

人間は地球外生命体とサルのハイブリッドです

地球人を見ると、サルに非常に似ています。遺伝子も九十何%以上同じです。ほんの一部違うだけでずいぶん違います。その違う部分は、いったいどうして生まれたのでしょうか？

実は、スーパーレムリア時代の始まるときに、高次元に存在している地球外生命体がその高次元のＤＮＡ（第５章で詳しく説明します）をサルに注入して人間ができたのです。

サルとのハイブリッドです。だから、その一部だけが違っているわけです。

それまでは水晶、鉱物という多くの集合意識と、微生物たちの集合意識、植物の集合意識、動物の集合意識は、うまく調和できていました。それぞれエゴがないし、知能もそんなに高くないし、自分たちの分野をある程度持ちつつ、うまく調和していました。

スーパーレムリア時代の少し前から、遺伝子の注入、植えつけが起こりました。

その植えつけを行った高次元の地球外生命体の意識は、自分たちの魂のＤＮＡをあらゆる形で残したいと思っていたのです。地球人を自分たちのように、より進化した個体にして、自分たちの魂をソウル・インさせてきたのです。

しかし、**宇宙の魂の本質は「個」しかありません。すべては自分のエネルギーの成長のためです。その個が集まり、集合意識となり、地球社会を形成します。**

集合意識がよくなると、最終的に地球が愛と調和という形になりますが、個の意識としては自分の魂をうまく進化・成長させるのが第一です。結果として、楽で愉しくいられるのです。より楽で愉しい自分を獲得するために、地球のサルで自分たちのハイブリッドをつくったのです。

ハイブリッドがつくられたときに、瞬間的に人間の次元が上がりました。

「自分という意識」がいっきに高まって、より自由に自分で物事を考えられるようになりましたが、植えつけた高い次元の地球外生命体の意識ほど自由に物事を実現させたり、過去・未来の時間を自由に移動したり、瞬間的に自分を違う場所に置いたりということはできません。やはりサルのエネルギーが高いからです。

今まで調和していた地球社会に急に高い意識の生命体が入り込んでしまったので、地球は乱れました。人間が支配しようとするから、他の生命体との関係が一番悪くなりました。特に微生物やプランクトンを敵に回したら、いい関係は築けません。

今地球で起こっている地震、津波、放射能の問題も含めて、**自然現象の乱れに最も力を持っているのは、人間よりも水晶をはじめとする鉱物と、微生物の集合意識です。**数が圧倒的に違うから、地球人の集合意識よりもそれらの集合意識のほうが強い。

これに皆さんは気づいていません。だから、いろんな天災に遭うのです。

それは気づいてほしいという彼らからのメッセージです。

地球外生命体たちは、いずれ地球が乱れることはわかっていた

しかし、興味深いことに、じつは高い次元の遺伝子を植え込んだ地球外生命体たちも、いずれ地球が乱れることはわかっていました。彼らには過去、未来が、全部見えています。すべてはわかっていて、乱れさせた上で学ばせるという想定なのです。

宇宙では、すべて進化・成長のために行われることしか実現しません。生命すべてを自らの進化と成長のために意識設定しているからです。

地球が乱れることはわかっていましたが、乱れた中から水晶（鉱物）や微生物の意識を酌んだり、植物、動物の意識を酌みながら、調和に持っていければいいというシナリオがありました。

しかし、残念なことに、地球人の意識の進化・成長があまりにも遅いのです。人間と鉱物、微生物、植物、動物の意識が違い過ぎるから、自分たちは特別と思い込んでしまい、問題が生じています。

本書の役割は、「皆さんは自分たちがエネルギーの乱れた地球人を自ら選択し、そこから気づいたり、学ぶことがあるのに、今は何も実践できていない」というメッセージを発信することです。

そして、どうしたら魂が求める「楽で愉しい自分」を実現できるかという最も大切な情報をお届けすることです。

ソウル・ウェイブ――神経の中を神が流れている

地球外生命体のＤＮＡ遺伝子を入れたサルが立つようになり、知能が発達したことで大きな問題が生じました。地球人の脳が大きくなってしまったのです。

そのため背骨の部分に大きな負担がかかるようになりました。

今の地球人とは、サルに異次元のDNA遺伝子が組み込まれて、ほかの生命の集団意識とかけ離れてしまった、身体と人生の問題を持つ生命体です。

地球人生命体にとって重要なのは、生命エネルギー「ソウル・ウェイブ」です。「ソウル・ウェイブ」は、私が今回新しくつくった言葉です。それまでは「神経の流れ」と言っていました。

神経は「神の経《みち》」と書きます。**神経の中を神が流れているのです。脳から背骨の脊髄の中を「神経の流れ」という、宇宙の叡智エネルギー（宇宙ソウル・ウェイブ）が身体の叡智エネルギー（身体ソウル・ウェイブ）になったものが流れています。**

自分の始まり（自分神）という宇宙のすべての知識と情報から成り立っているもので、人間があるべき状態にあるため、あるべき状態で生きるための必要な知識と情報が先天的に包括されています。

この流れが正しい状態であれば、人生のある時期、あるところで、いかなる症状や病気、また、いかなる悩みや困難を持っても、それを解決する方向に行きます。

だから、「**楽で愉しい存在になるためのエネルギーの流れ**」だと考えるといいと思います。

松果体は宇宙のエネルギーを受信するところ

ところで、人間の脳の中央に松果体《しょうかたい》（pineal gland）が存在しています。

現代医学では、松果体の機能は不明です。わかっていることは睡眠に関与したり、夜、昼という日内リズムを感じる器官というだけです。

私は、人間の松果体は、宇宙の叡智を感じるところだとわかっています。

松果体の機能は本当はすごいのです。今のレベルの現代科学や医学では、とても解明できません。レムリア時代やアトランティスの時代は、宇宙の叡智とよりつながっていて現在より松果体が大きかったのですが、今の地球人は退化して非常に小さくなりました。それは胸腺《きょうせん》も盲腸（虫垂）も同じです。

じつは松果体は、宇宙のエネルギー（宇宙ソウル・ウェイブ＝宇宙の叡智）を人間のエネルギー（身体ソウル・ウェイブ＝身体の叡智）に変換します。宇宙のエネルギーは振動数があまりにも高過ぎるので、人間の身体レベルに振動数を落として、それを人間の体に通すのです。

神経は背骨の中を上から下まで通り、各脊椎孔《せきついこう》からたくさん枝分かれして、身体中の60兆個の細胞に全て行き渡ります。心臓、肝臓、腎臓などの内臓、筋肉、血管、関節、皮膚、目、耳、鼻、口、すべてです。神経が行き渡っていなければ、細胞は生きられません。細胞を細胞たらしめているエネルギーの通り道です。

神経の流れ、ソウル・ウェイブは、魂のもとのエネルギー宇宙ソウル・ウェイブが、

松果体は宇宙のエネルギーを
身体のエネルギーに変えるところ

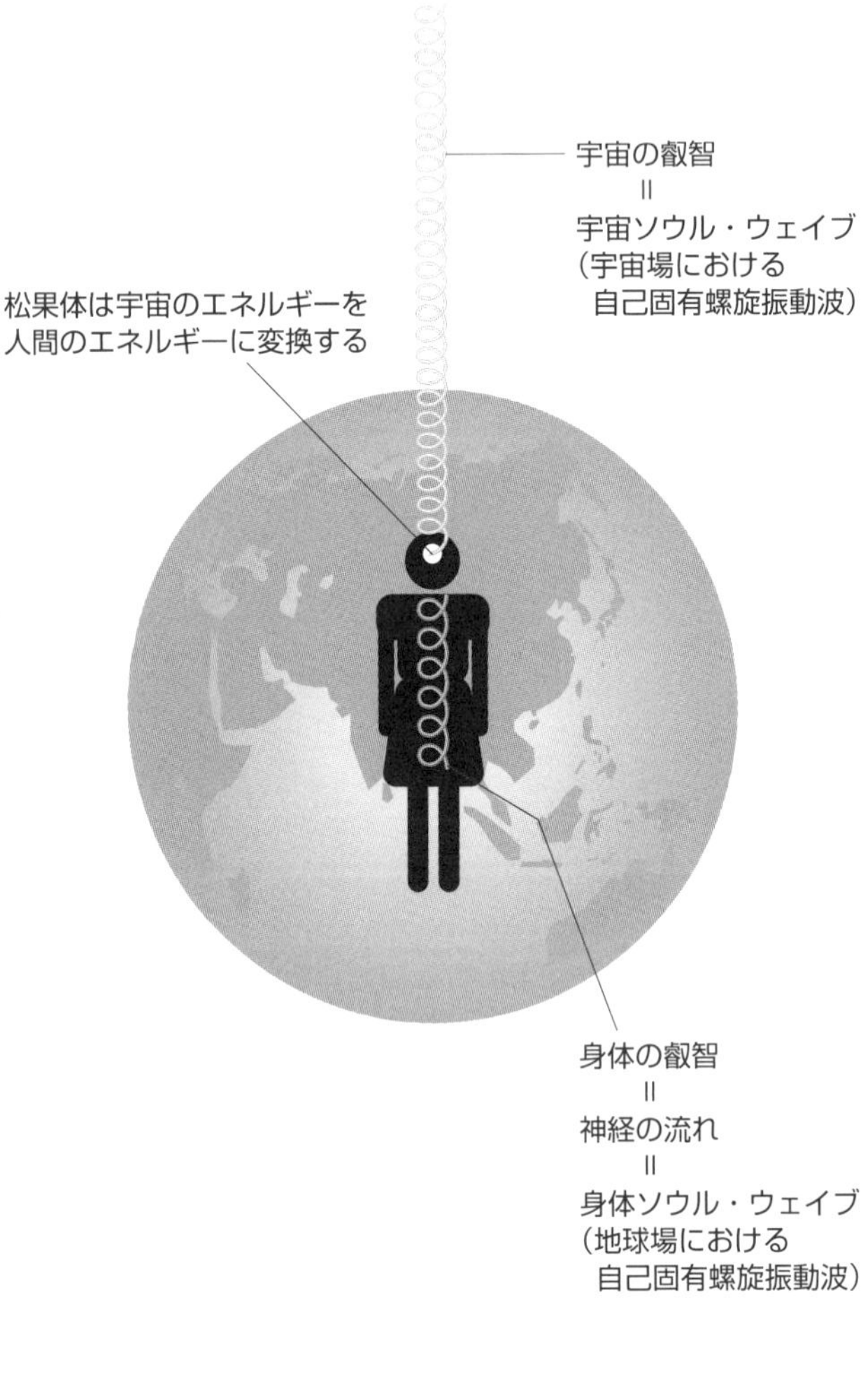

松果体で変換された身体ソウル・ウェイブを便宜上、シンプルにソウル・ウェイブと呼ぶことにします。

ソウル・ウェイブが体の中に入って、神経の中を振動として伝わるのです。

母親のおなかの中で内臓とか身体をどうつくるか、生まれてから、どういう食べ物を食べたときに胃腸をどのように動かすのか、どのようにホルモンを出すのか、傷の治し方、ウイルスが入ったらそれを撃退するために熱を出すとか、下痢をするとか、医者や親が教えたわけではありません。

それらの情報は、じつは、目に見えないレベルの高次元DNA遺伝子にすでに書き込まれています（これは第5章で詳しく述べます）が、その情報をコントロールするのが神経の流れである「ソウル・ウェイブ」なのです。**ソウル・ウェイブが、あなたをコントロールするのです。**

すべての生命エネルギーは右螺旋です

宇宙に存在するエネルギーはすべて超素粒子の振動であるといいました。

じつは、振動だけでなく、空間を渦巻く螺旋《らせん》なのです。

さらに、宇宙というものは自分だけの「自分宇宙」しか存在しません。

1人に1つの宇宙です。自分の魂が生まれる前の「自分宇宙」が動きを持たない超素粒子であるときは、もともとエネルギーがゼロです。**ゼロからバーンとエネルギーが発生したきっかけは「自分の存在を体験したい」という意識なのです。**魂の本質が、自分というものを感じてみたいという想いです。

自分の宇宙には、自分しかいません。自分の大本は、すべてであり自分神です。

魂という生命の誕生は、自己の超素粒子の動きがゼロのところから、一気に動きを誕生させます。それは右螺旋に回転・振動する超素粒子と、左螺旋に回転・振動する超素粒子に分離します。

私たちが意識を持つ魂は、この右螺旋エネルギーで成り立っています。たまたま右という選択をしたのです。私たちは右螺旋の宇宙を共有しています。

だから、いいエネルギーはペンデュラムやフウチで右に回るのです。

私は意識を持つ皆さんの自己の魂エネルギーを理解させやすいという目的で、1つの螺旋振動波として表現します。超素粒子から誕生する私たちの生命の本質（叡智＝ソウル・ウェイブ）を自己固有螺旋振動波と名付けました。

この自己固有螺旋振動波を2次元で描いて横から見るとただの振動波ですが、3次元で立体的に見ると螺旋振動波なのです。これが魂であり、生命であり、意識のもとです。

もともと自分の魂の姿は超素粒子ですが、1個だけでなく、バーッと集合体になっているのが自分です。私が抽象的に魂を示すときは1個の螺旋波で説明しますが、実証としては無数にあるものを、便宜上、1つの波と考えるということです。

この本では、抽象的に1つの波として話を進めますが、じつは、**皆さんは無限の数の波でできている存在です。**魂としての生命の誕生後、自己の大本において、最初は無限大に近い螺旋振動数から始まって、無限大マイナス3とか、無限大の10分の1とかその振動数は、だんだん落ちてきます。


宇宙空間があると想定して、エネルギーは宇宙をジャーニーしていく中で振動数が下がって、乱れていきます。**魂の誕生の場である最初を「ゼロ・ポイント」**と名付けますが、本当の自分を抽象的に1つの螺旋振動波として考えた場合、その誕生の瞬間、無数の自己の螺旋振動波が発生します。じつは、魂はこのうち、1つだけの波を選択して意識を置きます。1つだけの波といっても実際はその方向に無数の同じ波が存在しています。あくまでも代表する1つです。

このとき、意識を置かなかった無数の自分の波が存在します。宇宙のジャーニーの中で皆さんは、意識を置いた意識中心の魂エネルギー波が、意識をおかなかったその

私たちは無限の数の波でできている存在

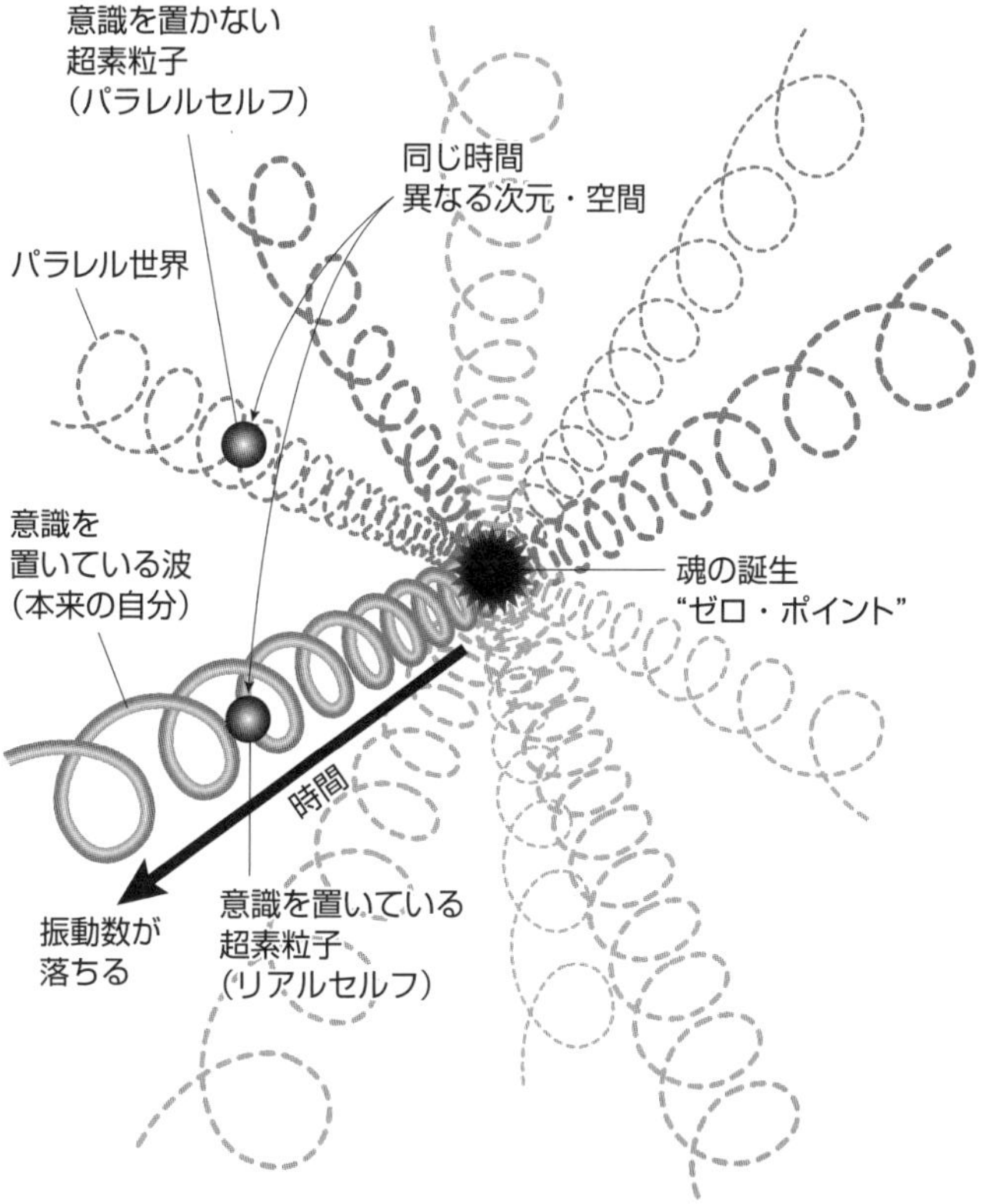

生命エネルギーはすべて螺旋振動波。
振幅の違いと振動数の違いが
性質の違いになる

他多数の自分の波との交流や、自分以外の他の生命体の宇宙場との交流を体験する中で、自己の固有螺旋振動波エネルギーのリズムが乱れ、振動数が落ちていきます。

自己螺旋振動波が、自己の大本である誕生（ゼロ・ポイント）からの魂エネルギーの交流というジャーニーの中で、いろいろな交流をする過程で、調和からエゴ、自分が……という意識が出てきて、直感が冴えなくなります。

「自分のことが信じられない」という感覚が宇宙ジャーニーの中に出てきて、自分を正しく表現できていない。自分とはこういうものだという表現力に疑問を持ちはじめます。そうすると、自分は本当にこれでいいのだろうかとか、自分をあまり好きじゃないなとか、自分に対する愛情が陰ってくる段階があります。

その次に、自分は不十分だとか、大した人間ではないという気持ちが出てきて、そこに怒りも出てきます。最終段階に落ちてくると、不安・恐怖になってきます。

ジャーニーをする前のほうがネガティブな感情がなくて楽だった、自分をなくしていったほうが楽で愉しかったというのが、魂の本質としてあります。だから、もとの高い振動数に戻したいという魂の超潜在意識を持つのです。

エネルギーの法則で、振動数エネルギーは高いほうから低いほうに落ちていきます（エントロピーの法則）。同時に、波の振れ幅もだんだん小さくなっていく。さらに、波のリズムも崩れていく。エントロピーの法則でエネルギーが自然に乱れていきますが、戻すときは何かのきっかけがないと戻りません。そのきっかけとして、地球における「学び」や「気づき」という体験が必要なのです。

宇宙の叡智「宇宙ソウル・ウェイブ」と身体の叡智「身体ソウル・ウェイブ」

ソウル・ウェイブとは、魂の実体を表現したものです。「自己固有螺旋振動波」そのものです。前述のように、私たちは右螺旋の宇宙場を共有しています。左螺旋という反宇宙もありますが、それは実体験できていません。

私たちの魂の姿である**自己固有螺旋振動波（ソウル・ウェイブ）**には2種類あって、地球人の個体を選んでソウル・インしてくる前と、その後に分けて考えます。

入る前は物質を持っていない段階なので、超高振動数を持つ宇宙ソウル・ウェイブ、宇宙の叡智です。

先述したように、自分の魂が右螺旋振動波で発生したとき、本当は360度、無数の方向に飛ぶのですが、自分の意識はその中の1個だけしか選択できません。

最初のエネルギーの超素粒子の存在ポイント、何も動き（意識）が存在していないところを私は「ゼロ・ポイント」と名づけていますが、ゼロ・ポイントから振動波が誕生したときには無数に出ているのですが、それを知らずに、皆さんの意識を置いた今の自分が「自分のすべて」だと思い込んでいます。

螺旋振動波が無数の方向に同じ振動数で出るのですが、自分意識は1点にしか置けないから、それを自分だと認識しています。

ただ、地球人にソウル・インする前の魂は、ほかの振動波（ほかの自分）が同時にあるというのは知っているのです。自分はここに意識を持っているけれども、自分が選択していない自分のエネルギーの姿はほかにもあるんだということは感覚でわかっています。

自分の選ばなかった魂、意識を置いていない、非意識の固有螺旋振動波があるのです。これは、「パラレルワールド」（意識を置かない固有螺旋振動波）にある自分である超素粒子「パラレルセルフ」です。

魂は問題を抱えた人生を好んで選んでくる

自己の意識を置いている固有振動波は自分が体験している魂のジャーニーの本体で、自己の意識を置く固有振動波と自己の意識を置かない固有振動波たち、または、自分以外の宇宙場における振動波との交流で、エネルギーはリズムが変わったり、振動数が落ちたり、形が変わったりします。
波同士の交流で、波のエネルギーが高まることもありますが、総体的には、エネルギーのリズムが乱れたり、振動数が落ちるのです。

自分の宇宙場は自分のエネルギーしか存在しません。
だから、宇宙は自分だけのものです。ほかの人の宇宙場とは全く別です。

自己外の存在の宇宙場は、彼らのゼロ・ポイントから始まって別に存在しています。
自分の宇宙場にある振動波がそれらと交流します。そのときに宇宙場の接点を持つのです。交流するまでは全く別の宇宙場です。

エネルギーの振動波が共鳴したときに、交流が起きます。そのときに、相手が持っている知識と情報を自分に吸収できます。無限にある宇宙のエネルギーは、すべて絡み合っているので、全宇宙に存在する知識と情報は全部持っているということです。すべてアカシックレコードにあるというのは、そういうことなのです。そういう交流のもとで、知識・情報を感じながらエネルギーが総体的に乱れてくるのです。

宇宙のソウル・ウェイブが自分に最も適した人間を選ぶときに、松果体で人間の身体、物質をコントロールできる振動数に落とします。そのままだとエネルギーが高過ぎるため、人間という身体を維持できないのです。

宇宙の叡智、宇宙ソウル・ウェイブが人間の松果体に入って振動数を落としたときに、人間の身体にふさわしいエネルギーになります。

そうでないと、地球人の身体をコントロールするエネルギーにはなりません。これが身体の叡智、身体ソウル・ウェイブです。

身体の叡智は、もともと自分の完璧な宇宙の叡智から始まっているから、たとえほかのいろんなエネルギーとの交流によってエネルギーを乱したとしても、魂のゼロ・

【魂エネルギーの交流】

魂エネルギー ＝ 自己固有螺旋振動波（意識を置く超素粒子の動き）
＝ 宇宙ソウル・ウェイブ（宇宙の叡智）／宇宙場
＝ 身体ソウル・ウェイブ（身体の叡智）／地球場

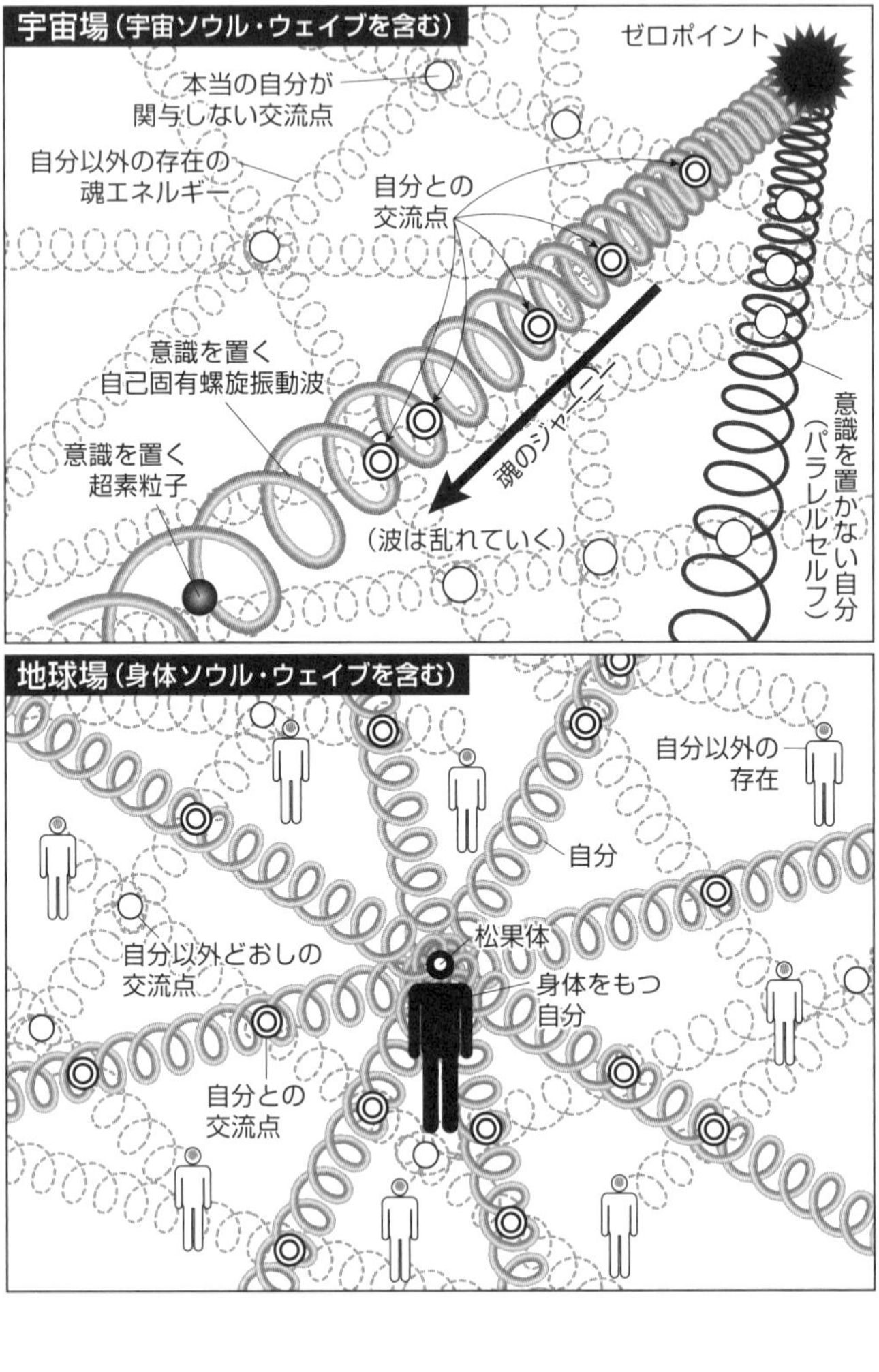

ポイントに近い乱れのない状態は、本来あるべき状態を知っています。後で詳しく述べますが、魂は人間の身体に入ったときに乱れた身体や人生を好んで選んできます。

もともとこういう病気を持つ、家庭環境に問題がある、仕事で問題があるということがわかっていて、自己固有螺旋振動波であるソウル・ウェイブの乱れを修正するためにこの身体を選んだのです。

宇宙の叡智を身体の叡智に変換する高次元変換器「松果体」

松果体は、どうして宇宙の叡智を身体の叡智に変換できるのでしょうか?

それは**松果体が99%以上、珪素(Si)でできているからです。**

じつは、この珪素は、大宇宙で唯一の能力を持つスーパー元素なのです。珪素は万能パワーストーンである「水晶」の主要構成成分でもあります。

珪素は、乱れたエネルギーを全部吸収して、その乱れを修正するのに必要なエネルギーを出すことができます。これは誰も言っていないことです。

珪素研究会や珪素医学団体などは一般的な3次元の科学の話をしていますが、私は宇宙叡智との交流の中でこの知識と情報を得ています。

珪素にはエネルギーの乱れを読み取れる能力があって、そのエネルギーを全部吸収して、その乱れを修正するのに必要なエネルギーを放出するのです。

水晶も松果体も生命エネルギーの振動数を変換して、それらのDNAをコントロールするエネルギーに変えます。このことは後で詳しく説明します。、松果体は人間の身体の中で最も神秘的なのです。

地球の成り立ちですが、あらゆる生命体の固有螺旋振動波の魂エネルギーが交流することで、物質の要素が高くなります。交流したときに振動波がどんどん落ちるのです。どんどん重くなったエネルギーが集合して物質化します。それが惑星であり、地球です。

地球はほとんど珪素でできています。珪素は地球では2番目に多い原子で、地殻を形成する要素としては最も多いのです。珪素は最もキーになっている元素です。

エネルギー的に言うと、珪素はどんなエネルギーも吸い取って、必要なエネルギーに生まれ変わらせるものです。だから珪素が存在しているのです。宇宙の存在、つまり人間を含むあらゆる生命体には最も重要なもので、宇宙のあらゆるところに存在しています。

鉱物、微生物や植物、動物、人間の集合エネルギーが1点に固まったときにできたのが地球です。

水素原子と酸素原子の働き

波というものは、重なれば重なるほど、その波の高さは高くなっていきます。魂の波である自己固有螺旋振動波も同様です。

地球エネルギーは振動波の集合エネルギーなので、このエネルギーがどんどん重なっていくと振幅が大きくなります。エネルギーが交流すると合わさるのでエネルギーの高さは高くなります。振幅が大きいということは、エネルギーが大きいということです。

クンダリーニというエネルギーがありますね。「クンダリーニが上昇して覚醒した」などと言いますが、あれは地球エネルギーを下から受けて頭から抜けていくのです。

逆に、**宇宙の叡智は松果体から下に降りていきます。**これは、振幅ではなく、振動数を上げます。

エネルギーは振幅が高いほど作用しやすいのです。もちろん、振動数が高いほど生命としては進化・成長します。人間に作用する力としては、同じ振動数であれば振幅が高いほうが強力なのです。地球のエネルギーは、自分を含めたすべての生命の集合意識がはね返って高いエネルギーとなったものです。それは振動の振幅が高いので、あらゆる生命のエネルギーの螺旋振幅の大きさをふやすことができます。

上から見ると、右回りで入ってきたものが右回りにはね返ってきますが、地球の核から見ると、左螺旋で上がっていきます。だから、**宇宙の叡智は右螺旋、大地のエネルギーは左螺旋**なのです。同じ方向で強化されるということです。

そのときに一つ大事な話は、**宇宙の叡智で身体をつくるときの受信機は水素原子で、身体を働かせるときの受信機は酸素原子ということです。**

酸素原子が身体の叡智エネルギー（ソウル・ウェイブ）の受信機になって、細胞内のエネルギー産生器官であるミトコンドリアを活性化します。だから、酸素を身体中に入れることがエネルギーを上げることになります。酸素療法やヨガ、呼吸法のいいところは、エネルギーを高められることです。

宇宙の叡智、宇宙のソウル・ウェイブは松果体で変換されて身体のソウル・ウェイブになって、水素原子の電子を受け渡し役として身体を作っていきます。

地球のエネルギーは集合意識による螺旋振動波として下から上がってきて、右螺旋波の振幅をふやします。

つまり、身体の叡智が水素原子に伝えられ、身体がつくられ、さらに身体の叡智が酸素原子に伝えられ、身体を働かせるということです。

水素と酸素を合わせると水ができます。だから、水ができるところでないと身体が成り立ちません。水が存在しているところで、エネルギーの受け渡しができるのです。

第3章

高次元DNAを書きかえて あなたの人生ストーリーを変える

願ったことや夢がなかなか実現しない地球のからくり

私がどうしてこんなに自信を持って、今まで誰も言ったことのないような話をするのかと不思議に感じる人もいるでしょう。私のセミナーのアンケートでも、「どうして先生は地球人の誰もが知らないことを知っているのですか？」という質問が毎回来ます。私はすでに述べたように、高次元シリウスを通過点とするゼロ・ポイントからの魂の長い歴史を持っていて、今それを思い出してきているから自信を持って話せるのです。

さらに言うと、同時に脳の松果体が強力に活性化され、自分の高いレベル（高振動数）、つまり「自分神」とつながっているので新しい知識と情報を提供できるのです。

まずお伝えしたいのは、**意識に設定したことは、宇宙では必ず実現する**ということです。実現しないことは100%ありません。意識が投げかけたことは実現します。高い次元では瞬間的に実現しますが、地球は重いエネルギーで時間と空間があるので、意識設定した内容のエネルギーが一定期間ブレずにいないと実現しません。ここに地球人の願ったことや夢がなかなか実現しないからくりがあります。

地球人の願いがどうしていつも実現しないかというと、ある時点で意識設定をしても、次の瞬間には、「そんなこと無理だ」と思ったり、人から「そんなことあり得ない」などと言われてブレてしまうからです。ある瞬間に「ダメだ」と思う意識設定が生じるから、常にダメな人生が続くのです。

つまり、ブレないエネルギーでないと人間の身体や人生には作用しないということです。ブレやすい地球社会は、魂の進化と成長に必要な課題を持つのには最適な環境です。

もう1つ、想いが実現しないもっと大きい理由は、皆さんは地球社会でいろいろ疑う癖がついてしまっていることです。**疑ってしまうと絶対に成立しないという宇宙の法則**があります。

本書が発信する知識と情報は、あなたの想いを実現するのに必ず役立ちます。これらの情報を取り入れて生きることにより、あなたはすべての宇宙の支援を受けることになり、あなたのあらゆる能力を向上させるのです。

ですから、あなたの魂レベルで受け入れたことは大切にしてください。

始まりは無のエネルギー「ゼロ・ポイント」から

この制約だらけの地球に暮らしていると、自分が何者であるかを見失ってしまいます。そうならないためには皆さんは自分の発生を知る必要があります。

ゼロ・ポイントは1人に1個で、そこから生まれる宇宙場は1個です。

「自分が存在しているということを感じてみたい」というのが魂の起源である超素粒

子の本質であり、意識の始まりである右螺旋振動波の誕生です。

そして、皆さんの意識は右螺旋か左螺旋か、どちらかしか選べません。私たちはなぜか右螺旋を選んだようです。理由はわかりません。

無数にあるパラレルセルフの中で自分の意識を1つ置いて、その意識を置くエネルギーが、意識を置かないパラレルセルフの自分や、自分以外のエネルギーと交流しながら、私たちはいつも魂の旅をしています。地球人になってからも、いろいろな生命と今、こうして交流しています。そのときにエネルギーはいろいろ変化していきます。

「神様」と呼ばれる意識体は、どのようにしてできたのか?

神は同じ信仰心を持つ地球人の魂の螺旋振動波の集合意識です。だから、神の種類やレベルはたくさんあります。

高い次元で集まったのは能力の高い神で、エゴの少ない愛と調和の神です。

低い次元で神と呼ばれているものはエゴが強いので、「こうしなければいけない」などと常に制約を持ち出してきます。そういうことを言う神は、残念ながら、次元がちょっと低いのです。

キリスト教の神、イスラム教の神、日本の多くの神もそれらを信じる地球人の集合意識です。ですから、地球社会で一般的にいわゆる「神」は、皆さんの大本である自分神よりも低い存在です。

一般的な神というエネルギーよりも皆さんの大本のほうが高いエネルギーなので、別に神から教わらなくても、自分を探っていけばすべての答えが出てくるということをお伝えしたいのです。

神は信じる人の魂エネルギーも入った集合意識なので、「その人は神の一部である」というのは正しいことです。また、その集合意識は、その人の高い振動数の魂のエネルギーそのものなので、その人は神そのものとも言えます。

天使や神とか仏は集合意識でつくっているものなので、その存在を信じる、つまり選択していなければそこにはつながっていないということです。信じていなければ、その神はその人にはいないということになるし、信じている人にはその神は存在しているということです。つまり、自分の魂の大本である「自分神」より高いエネルギーを持つ神は存在しないのです。

引き寄せの仕組み／エネルギーの交流について

自分以外のエネルギーと交流を持つ意味についてお話しします。

魂の固有螺旋振動波は、常に「エネルギーをもとに戻したい」、高い振動数で、リズムが整った状態に戻したいと思っています。

いったん、旅をして冒険したものの、思ったより大変だと、魂はもとの楽で愉しいところに戻りたいと思います。これが振動波の性質です。自分のエネルギーの乱れを正すために、いろいろな体験をします。自分のエネルギーを自分以外のエネルギーたちと交流させることは、総体的にはエネルギーを乱す方向性（エントロピーの増大）を持ちますが、その交流の中で、自分のエネルギーの乱れを正すのに必要な気づきや学びを得ると、一気にエネルギーの乱れが正されていきます。魂のジャーニーは、そのくり返しです。

非自己のエネルギーと交流するときは、「交流してくれるかい？」と意識を投げかけて、相手が「いいよ」と思ったら交流が始まります。

そのときに固有振動波がどういうものと交流するかというのは2通りあります。

これは宇宙レベルのエネルギーの話ですが、地球の人間にも適用します。

まず1つは、**エネルギーは自分の振動数と似通ったエネルギーを求めます。**共鳴現象です。高いエネルギーの人は高いエネルギーの人と交流したがります。

同じレベルで切磋琢磨《せっさたくま》して知識や情報を交流し合って、自分の進化・成長することを望んでいるからです。

エネルギーは、自分の振動波と
似通ったエネルギーを求める
⬇
心地良い
⬇
同じレベルで切磋琢磨

エネルギーがある乱れを持っている場合、
反対の性質を持っているエネルギーを求める
⬇
心地良くない
⬇
学びは大きい

もう1つは、逆に、**自分のエネルギーの性質と全く反対のエネルギーを持ち、人を引き寄せます。**例えば気のやさしいエネルギーは、気が荒いエネルギーを引き寄せる。エネルギーの異なる存在同士が交流することでお互いが学べるので、同意しやすいわけです。

エネルギーの近い存在同士が同意して交流した場合は心地いいのですが、逆を引き寄せたときは心地よくはありません。ただ、そのほうが学びは大きいので、魂はチャレンジして自分とは反対のエネルギーとも交流を持つのです。

宇宙レベルでは、魂同士がそれをわかっていて交流していますが、地球人は、悪い人間、いやな人間があらわれたときに、自分がエネルギーの同意で引き寄せた相手だということを知らないので苦しみます。

原則的には、嫌いな人が目の前にあらわれても、自分の魂の進化と成長のために引き寄せた必要な相手なので、「ありがとう」と言えばいいのです。

ここが大切なことです。**皆さんが地球上で体験する人生のこと、身体のことは、すべて自分の魂の進化・成長にとってポジティブなことしかありません。**つまり、それに役立つものしか自分の魂が選択していないから、選択したものはすべてプラスになります。

それがわかっていれば、すごく楽に生きられると思いませんか？

地球以外にも、たやすい勉強の場があります。もうちょっと楽に学べる場、地球ほど身体も人生も大変な思いをしなくても学べる場はあるのですが、そこだと修正能力が低いので、乱れが強い魂エネルギーほど困難な宇宙場を選ぶ傾向があります。

魂は一気に修正してしまいたいという本質があるのです。

地球は、そういった魂たちにとって最も適した環境であり、地球人はサルに地球外のＤＮＡを組み込まれたアンバランスな個体なので、病気をつくりやすく、最も適した個体であり、地球社会はエゴを持つ人間が調和を乱した、厳しい世界として最も適した場所なのです。

また、地球はエネルギー振動数が低く、人の想いが実現しにくいのも学びの場として好都合です。

あなたの健康と寿命、仕事と生活、成功と失敗、どのような人生を送るかは、すべて高次元DNA遺伝子に組み込まれている

私たちはどうやって今生を選んだのでしょうか?

人間にソウル・インする前の魂のエネルギーは、精子と卵子が組み合わさってDNA遺伝子が融合して、脳の松果体が形成されると、その松果体を光の玉として感じることで、目に見えない高次元のDNA配列が読み取れて、その個体が体験する人生と身体のシナリオを察知します。

将来、このDNA遺伝子を選べば、どのタイミングで、どういう環境で、どういう人生と身体になるかがわかります。それを最適な課題として選ぶのです。

その悩みや困難、病気や症状を体験することにより、どういう気づきや学びが得られ、その結果、自分の魂エネルギーの乱れが修正できるということを認識するのです。

ブループリントとして書かれてはいても、生まれてから、自己エネルギーの変換を行っていくことで、高次元DNA遺伝子はどんどん書きかえられます。

例えば人を許すことを学ぶために、お金のことで人にだまされるという環境を選んでいるわけです。

あるいは、自分は不安・恐怖を克服したい、修正したいから、がんという身体を選ぶ場合があります。がんという病気は不安・恐怖が最も強いからです。

ブループリントでは「がんで亡くなる」というシナリオが書かれていたとしても、不安・恐怖をなくし、エゴを学ぶところまで自分を進化させたのなら、その課題をある程度実現した瞬間に、ブループリントを書きかえるチャンスがあります。生き長らえるという選択もできます。

高次元ＤＮＡと集合意識

一方で、自分はこんなに気づきや学びを得ているのに、どうしてもＤＮＡを書きかえられない、うまくいかないという場合は２つの理由があります。

１つ目は、「自分１人だけの意識」よりも「集合意識」のほうが強いからです。

これは地球の大きいトリックで、一生懸命努力して頑張っているのに、どうしてうまくいかないのかと悩む人が世の中に大勢いますが、あなたの周りの集合意識が変わっていないからです。

例えば、ある人が一生懸命努力して試験勉強をしています。何度も落ちて、普通だったら諦めるところをまだ勉強を続けている。最初はみんな、「あの人はいくら頑張っても「ダメだろう」と思っているので、その人はいくらやってもダメです。周囲の人の「ダメだろう」という集合意識が強いからです。

失敗してもチャレンジしているうちに、「彼はひょっとして受かってしまうかもしれないぞ」という集合意識にある程度塗りかわった場合は、受かってしまいます。集合意識がその個人のエネルギーを強化するのです。

2つ目は、今までの古い地球社会の常識と固定観念でできあがった知識と情報で埋めつくされた脳を使い過ぎることで、叡智の松果体における変換を阻害してしまうことです。叡智とつながるには、なるべく脳は使わないほうがいいのです。

人生の大きいトリック、シークレットはここにあります。

だから、**ブレずに自分を通すことで集合意識を変えてしまうことがキーになります。**

ソウル・ウェイブの乱れを正して集合意識を書きかえてしまえば、そして、脳にある古い常識や固定観念を眠らせることで、**自分の高次元DNAを書きかえられます。**

5章で述べますが、皆さんの身体の高次元DNAにはたくさんの層があって、一番外側に人生のシナリオの層があります。外の層ほど力を持っているので、ここを変えてしまえば、DNAは内側に向かって書きかえられていきます。

DNAを書きかえるというのは、自分の生き方とか生きる内容が結果として変わるということ。その後、感情状態、健康状態を書きかえることになります。

それにはやはりブレないエネルギーを持つことです。周りから無理だと言われても、**自分は絶対にできるんだと思ってやり続けるブレないエネルギーが必要**です。

また、今までの常識や固定観念に沿ってネガティブな考えを持たないことも重要です。

例えばあなたが人生や身体に問題を持っても、「お気の毒」と言われても、「これは自分が選択したことで、さあ、何に気づき、何を学ぶのだろう」という感覚をブレずに持っているエネルギーが、あなたの高次元DNAを書きかえます。

魂は、そういう自分を選択しているのです。だから、自分がどんなつらい人生、つらい身体に生まれてきたとしても、あなたの魂が選んだ唯一の最高傑作なのです。このメッセージは大きいですね。この原則を知っておいてください。

魂の3つの選択

人生と身体の問題から、必要な気づきや学びを得て、ＤＮＡが書きかわるとき、その魂は３つの選択をすることができます。

①その問題をなくして生きる。
②その問題と共存しながら生きる。
③今生を終わらせ、次の未来生に備える。

どれも魂の進化と成長を伴う選択因子であり、素晴らしいものです。

第4章

時間・空間・重力、パラレルワールドの新次元説明書

地球人を不便にする時間・空間が存在する本当のわけ

人間が楽で愉しくない理由は、簡単に言うと、想ったことが目の前ですぐ実現しないからです。

その大きい原因は、空間・時間・重力があるからです。

空間があるから、自分を好きな環境にすぐに置けない。

時間があるから過去のことを悔やんでばかりいる。

未来のことが不安でしょうがない。

想いがすぐに実現しない。


重力があるから振動数が下げられるので、想いの実現に時間がかかる。

地球の重力で振動数を下げられてしまうので、時間・空間がより強くなります。

時間・空間・重力はすべて密接に関係しています。

重力とは無数の生命エネルギー振動波の集合体がつくり出す、巨大振幅を持つ反射集合振動波です。

重力は、エネルギーを螺旋波の中の1つに自分の意識を固定化させてしまいます。

つまり、パラレルワールドにあるパラレルセルフへの移行を難しくします。


まずは時間の仕組みを説明しましょう。ゼロポイントという無限の可能性のある「無」から振動波が右螺旋と左螺旋で無数の方向に飛んでいき、自己の意識を置く固有螺旋振動波となった魂が第一に体験することを考えます。

無から出た振動波は最初は無限大∞ヘルツというレベルです。

無限大∞から出発した魂の自己固有螺旋振動波は、ある時点で、αヘルツまで振動数が落ちますが、そのポイントから、まだ無数に自分の波が出ます。α＋1、α＋2、α－1、α－2、……といった感じです。

その時点でも皆さんの意識は1つの波だけに意識を置きます。その際意識を置かなかった波たちは皆さんのパラレルワールドをつくるパラレルセルフです。魂のあり方はつねに、この出来事の瞬間をくり返しているのです。

重力のない、エネルギーの軽い世界では、魂の波は、常に360度あらゆる方向に向かうことができますが、ある程度の重力がある世界では、その波は、重力の中心である集合エネルギーに引きこまれてしまいます。つまり、波が向かう方向がその一方向に限定されてしまうのです。**自分の意識を置く点は、一方向にしか進めず、逆方向には戻れないのです。これが、地球における「時間」です。**波の中で、重力中心に遠いほうから近いほうに過去・今・未来のエネルギー状態をつくります。

身体を持たない、重力の影響を受けない軽いエネルギー（振動数の高いエネルギー）は1つの波の中で、意識を1点だけでなく、同時に複数に置くことができるので、過去・未来はなく、すべて今なのです。

最も、高い次元に行くと、全部のところに意識があります。

1つの波の中で、ある1点だけという要素が薄まっていくということは、振動数がもっと高くなっていくということです。振動数が高いときは、ここにも、ここにも意識があるのですが、同じ今の自分という感じになるのです。

空間も自己固有螺旋振動波を考察することで解けてきます。意識を置かない自分の固有螺旋振動波はたくさんあります。意識が他の波をとれる可能性はありますが、とっていません。**本当は同時に存在しているのですが、自分はそこには存在していないように感じています。これが「空間」です。**

瞬間移動できるというのはそういうことです。別の場所に瞬間移動しようとしたら、意識を置くポイントの振動数の選択をそこにスイッチしたらいいのです。

重力が少なくて、エネルギーの振動数が十分に高ければ、一つの波にしばられることがなくなるので、別の波に瞬間的に意識を置くことができるのです。

地球ではどうしても強力な「重力」の影響を受けます。

1つの波の中で捉えた場合は「時間」という観念が出てくるし、「空間」が発生してしまいます。この時間・空間の捉え方は私が初めて理論的に説明していると思います。それの自分が選んでいない世界が時間枠、空間枠におけるパラレルワールドです。

時間に対しても、空間に対してもパラレルワールドがあります。

自分の意識がある波のある点を選択した瞬間に、そこから、また、無限に振動波が出ている。この次の点でも無限に振動波が出ている。その次の点でも無限に振動波が出ている。パラレルは常に無限にあるということです。これは67、74ページの図を見るとわかりやすいと思います。

地球にがんじがらめにされるエネルギー「重力」(アース・ウェイブ)

私たちの魂は地球に入るとエネルギーがものすごく重い（重力が強い）ので、がんじがらめになってしまい、今の自分に縛りつけられます。時間と空間に強く制約されます。

重力とは何か、宇宙科学の永遠の謎とされています。重力の本当のところを解説することは、非常にチャレンジングです。

大宇宙ジャーニーの中で、それぞれ個別の魂のエネルギーたちが螺旋状で旅をしています。お互いが必要だと思って引き寄せてあらゆる生命エネルギーが交流をするときは、螺旋波が接点を持つので、それが2個、3個、10個、100個、1000個、1000万個、1億個、1兆個……と、たくさんのエネルギーが集合したところは、エネルギーが重くなります。エネルギーは集合すると、振動波の振れ幅が大きくなります。つまり螺旋の直径が大きくなります。

振幅が大きいエネルギーは、振幅の小さいエネルギーを呑み込むのです。

例えば、海の大きい波は、小波を全部呑み込んでいきます。小さい波は自分の形のまま存在できません。大きい波の世界に入ってしまいます。

このように地球は、個別の人間のエネルギー、微生物のエネルギー、動物、植物のエネルギーを引き寄せます。

ただ、地球はガイアという集合意識を持っています。それと個別の人間の意識、個別の微生物の意識との間で、「引き寄せていいかい?」「いいよ」という同意があると、引き寄せていきます。

同意がないとすべての宇宙現象は実現しません。地球という集合意識は多くのエネルギーを引き寄せることで、自分をさらにパワーアップできます。

その引き寄せるエネルギーが「重力」です。これを「アース・ウェイブ」と名付けました。

振幅が大きくて振動数が少ない波(地球のエネルギー)が、振幅が小さくて振動数が多い波(個別の生命エネルギー)を呑み込む現象が重力です。これは、私が初めて定義したことです。どうして惑星が引き寄せるか、この重力の定義で全部説明できるようになります。

地球の振動波より月の振動波の振幅のほうが小さいから月は地球に引き寄せられてきますが、遠心力との兼ね合いでいまの位置にとどまっています。

地球意識のガイアは私たちに「もう少し調和してほしい」と思っています。サルに遺伝子が注入されてから、地球の調和が乱れています。成り立ちの違うものをいきなり持ってくると、どうしても調和が乱れるのです。

振動数を上げると時間と空間の感覚がなくなり、瞬間にワープもできる

「パラレルワールド」とは、自分の意識を置かない自己固有螺旋振動波でつくられる宇宙場のことであり、そこに存在する、体験できない自分を「パラレル・セルフ」といいます。

パラレルワールドを自由に生きるためのシークレットは、そのエネルギーを軽くし

ていくということです。つまり、振動数を高くしていくことです。

皆さんの魂の大本ゼロ・ポイントに近い振動数の高いレベルとつながっていくことです。

エネルギーなので振幅も大事ですが、それよりもずっと大事なのが振動数です。

振動数を高くすると重力の影響を受けにくくなり、振動波の中で意識を置くポイントを固定化する力が弱まっていくので、波の中で意識を固定化しないでぼんやりと幾つも置いておくことができます。そうすると、過去や未来も自由に自分の感覚を持って生きることができます。

それぞれの固定する部分が弱まるので自分の意識を薄く置くことができて、波の中を過去・未来に自由自在に行くことができます。また、意識をおかない波にも自由に移動できるので、空間に縛られにくくなります。

振動数を上げると時間という感覚が減ります。

当然、空間という感覚も減ります。また、重力の影響をあまり受けなくなります。

エネルギー的により自由になることができ、振動数の上げ幅が十分大きければ、空間移動や時間移動という「ワープ」が可能になります。

「振動数を落とす」ことも大切です

一般的に、エネルギーの振動数を下げることは悪いことだという感覚がありますが、そうではないのです。

総体的に自分の振動数を上げるには、時々、日々の生活の中で、それを下げる体験をすることが非常に有効です。

振り子は、片方に大きく振れるから逆にも大きく振れるわけです。人間は進化しよう、立派なことをしようとばかり思いがちですが、片方ばかりには振れないのです。一方に大きく振ってやれば、自動的に反対側へも大きく振れます。

それぞれの役割と使命を持って人間よりも低い振動数を選択している、鉱物（パワーストーンなどの石など、特に水晶）、植物、動物の振動数のレベルに皆さんの振動数を落として、共鳴させることが重要なのです。

このとき、交流する対象よりも自分が高いエネルギーであるという観念を持っているとうまく共鳴できません。石なら石に、植物なら植物に、動物なら動物に、自分の意識をなりきらせるのです。交流する彼らには、いつも「お役目をありがとう」という想いをなげかけるのです。

また、不安や恐怖、怒り、不満、嫌悪などの感情は一時的に振動数を下げますが、振り子の法則により大きく振動数を上げるチャンスなのです。まさにこのときに、気づきや学びが起きます。

第5章

目に見えない高次元多重螺旋DNAたち

DNAは2重ではなく多重螺旋

人間のDNAは2重螺旋とされています。

2重螺旋がつなぎ合って遺伝子となり、たんぱく質や細胞をつくっているというのが医学の常識です。しかし、2重螺旋だったら、人間がこんなに複雑なわけがありません。

現在の遺伝子科学では、DNAについて12・5％しかその機能が解明されていません。人間の全コードを読んだと言われていますが、87・5％は何のために、どういう状態で存在するのか、また、役割も理解していません。2重螺旋だけでも人間は謎です。

今から10年ぐらい前に、魂と祈りの本を書いている村上和雄先生に会ったことがあります。村上先生は、祈りと遺伝子のスイッチの大家です。ある人に「おもしろい医者がいる」と紹介していただき、私は半日、一緒に時間を過ごさせていただきました。

そのときにどうしても我慢できなくて、「先生、遺伝子は2重螺旋と言われていますが、私は、12重螺旋、もっと言えば24重螺旋以上ですが、単純に見れば、12重螺旋と考えています」と言いました。

これを言うのは相当の勇気でした。

そのときに、あの偉い先生が「そうかね」と真面目に聞いてくださったので、とてもうれしかったことを覚えています。

それ以来、お会いしていませんが、それから私はずっと12重螺旋のことを魂レベルで学んできました。

今からお伝えすることは、シリウスから得た知識と情報であり、言ってしまえば、すべての存在の宇宙を包括した高次元の新科学です。

目に見える2重螺旋DNAは身体をつくる設計図

2重螺旋DNAのまだ解明されていない部分が、87・5%のところに身体をつくる設計図があります。母親の身体の中で精子と卵子が受精して、どのくらい時間を置いて、どのタイミングでどこに細胞が脳をつくり、心臓をつくり、目をつくり、手足をつくるという設計図が、87・5%のところにあります。

遺伝子のストーリーはそこから始まります。

目に見えない4重螺旋DNAは身体を働かせる情報

胎児がおなかの中にいるときに、羊水を飲んで尿を出したり、生まれてからは、胃が消化液を出して食べたものを消化して、腸で吸収して、排泄したり、呼吸もできます。誰も教えていないのに、これはどこに情報があるのだろうかと思いませんか？

また、心臓を決まったリズムでパクパク動かす指令はどこから来るのでしょうか？

1歳頃になると手ほどきもなく、赤ん坊は歩き始めます。

医学者にしても、科学者にしても、このような疑問を抱いてはいるのですが、それ以上考えることはナンセンスだと幕引きしているのです。


2重螺旋のところでつくった身体で、心臓は1分間に60回打つ、腎臓は尿をつくって排泄する、肝臓で悪いものは解毒する、細胞のミトコンドリアでエネルギーを生み出すという細胞や臓器の働きの情報は、2重螺旋の次にエネルギーの高い4重螺旋に含まれています。

2重螺旋の外側にある4重螺旋は身体に作用するレベルですが、身体を働かせる情報です。目に見えない遺伝子情報ですが、必要なときにスイッチをオンにして2重螺旋に働くのです。

4重螺旋のエネルギーが2重螺旋にシグナルを送って、身体を動かす、働かせるのです。

目に見えない6重螺旋DNAは身体を治す情報

次は身体を治す仕組みです。

身体に傷を負ったら、病院に行かなくても、放っておけばかさぶたをつくって治ってしまいます。もしくは、ウイルスが身体に入っても、必要なら発熱で退散したり、下痢で排泄します。身体の叡智がすべて知っているのです。

身体を治す情報はどこにあるのでしょうか？　身体に問題を負ったときにそれを修復する情報は4重螺旋の外側にある6重螺旋にあります。傷を負ったらこういうふうに治すんだよ、ウイルスが入ってきたらこういうふうに撃退するんだよ、がんになったらこうすれば回復するよ、という情報です。

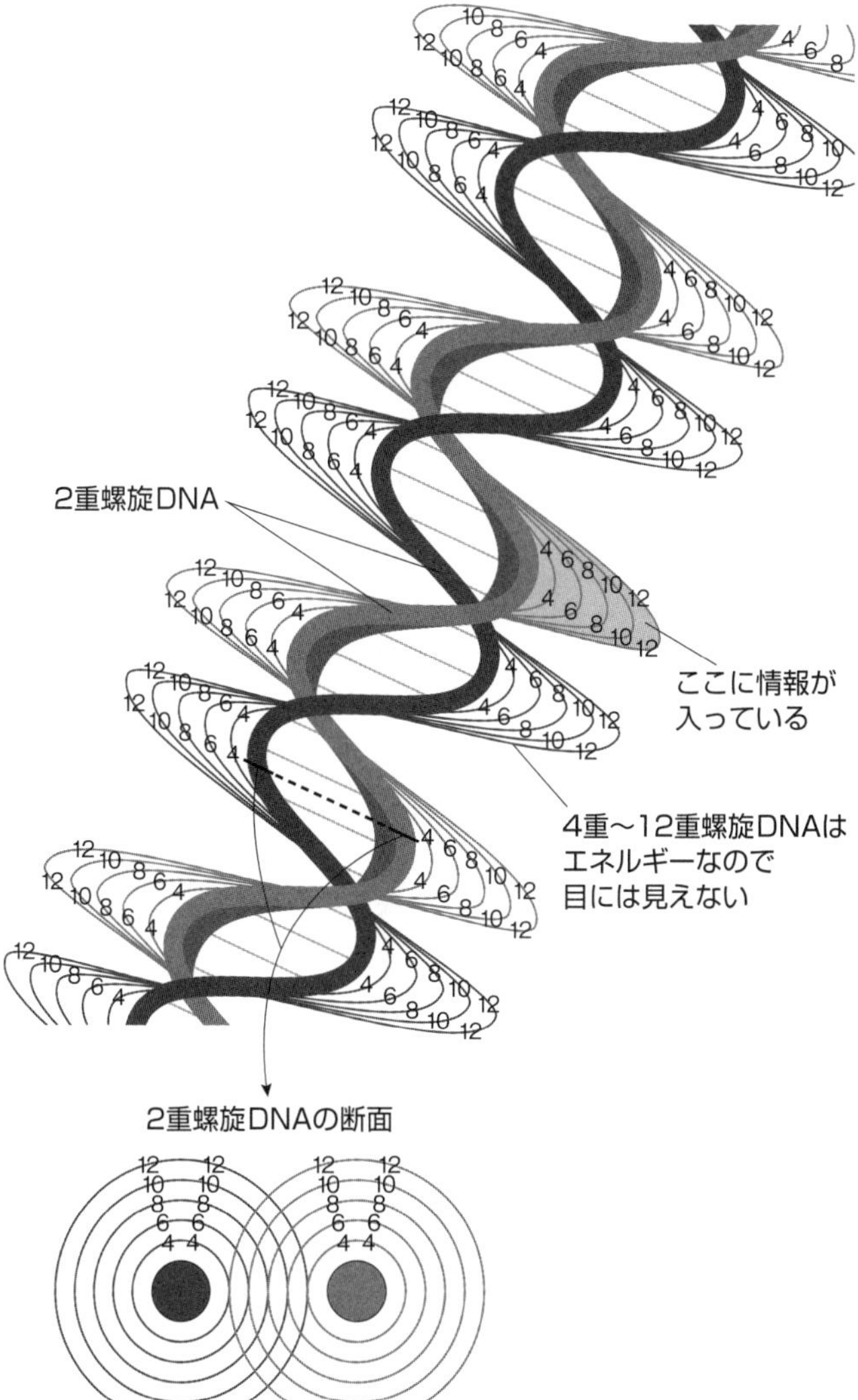
2重螺旋DNA
ここに情報が
入っている
4重～12重螺旋DNAは
エネルギーなので
目には見えない
2重螺旋DNAの断面

私は、2重螺旋以上の目に見えないレベルのDNAを、「目に見えない高次元多重螺旋DNAたち」と呼んでいます。「たち」というのは、彼らはDNAとして意識を持っているからです。

DNAというのは、DNA遺伝子情報です。

「目に見えない」というのは高次元ということです。

つまり、**高次元多重螺旋DNA情報が、地球人の身体をコントロールしています。**

この後、さらに高次元のDNA情報が感情と人生をコントロールすることを述べます。

身体では、傷を負うと、エネルギー的にDNAが察知して、治し方の情報が6重螺旋から4重螺旋に伝えられます。4重螺旋は血液の細胞を動員させ、最終的に2重螺旋が細胞を変えます。

目に見えない8重螺旋DNAは身体に起こることのシナリオ

6重螺旋の外側にある8重螺旋DNAは身体に起こることのシナリオです。

人間が生まれる前に母胎で身体をつくる上での問題が生じて、先天性の重い病気として生まれることも含めて、生まれてすぐ病気になるとか、いつ、どういう環境でがんになるなど、いつ、どこで、どういうことが身体に起こるかというシナリオです。

これは父親と母親の遺伝子があって、どちらの遺伝子にも目に見えない高次元のDNA情報があって、いろいろな組み合わせができます。

DNAのもつれ合いの中のたまたまの組み合わせです。自分のエネルギーを修正するのに最も適したDNA作品を魂がソウル・インにて選ぶのです。

何歳のときにどういう病気になるとか、どういうふうに治る、また治らないとか、いつ、どういう環境で死んでいくとか、どういう健康状態であるとか、そういうことが8重螺旋DNAの情報網にインプットされています。

ただし、書きかえは可能です。

書きかえるためには、まず、もともと書き込まれていることを受け入れて体験します。

魂がこの身体を選んだ理由の課題をこなしていく中で、魂の進化・成長に必要な気づきや学びを得ることで書きかえられます。反対に、気づきや学びを伴わない書きかえは起きません。

例えば55歳でがんになる予定だったのを、65歳に遅らせても魂の成長が図れるならがんから気づきや学びを得て変更することができます。もしくは、脳梗塞《のうこうそく》が起きて右半身麻痺《まひ》になるところを、手だけの麻痺に変更するということも可能です。または、全く病気をなくすということも可能です。

病気を持つと、いろいろな気づきや学びがあります。そのときに、病気の度合いを少し下げても、それらの気づき・学びは達成されると魂が判断すれば、病気を軽くすることをDNAが受け入れます。逆に、もう少し重くしたほうがいいという場合もあります。

目に見えない10重螺旋DNAは感情・性格・能力をつくる情報

8重螺旋の外側にある10重螺旋DNAは、感情と性格そして能力をつくる情報です。

一卵性双生児は細胞、2重螺旋DNAが全く同じなのに、性格が正反対ということがあります。1人は短気ですぐ切れるのに、もう1人は穏やかな性格だったりします。目に見えるDNAは同じですが、目に見えない高次元のDNAが違っているのです。

一卵性双生児でも、気性や性格が違ったり、片方は学力優秀で、片方はスポーツ優秀ということは、10重螺旋情報によるものです。

だから、気性や能力は生まれたときにある程度決まっています。ただ、これも気づきや学びによって、書きかえは可能ですが、大まかなブループリントは書かれています。

よく「こんな自分に生まれたくなかった」などと言いますが、それはあり得ないことです。魂はあなた自身を最も適材として選んで生まれてきたのですから。

「感情や性格が病気を起こす」というのは正しいことで、**感情や性格、能力の情報は身体のDNA情報よりも高い次元にある**から、そこが乱れれば低い次元の身体情報は乱れます。外のほうがエネルギーが高いから、内に影響するのです。

目に見えない12重螺旋DNAは人生に起こることのシナリオ

10重螺旋の外側にある最も次元の高い12重螺旋DNAは、最も繊細で精巧な人生のシナリオを担います。12重螺旋が皆さんの人生のシナリオをつくっています。本当はこれよりもっと高い次元のDNA情報もありますが、本書で紹介するのはここまでで十分だと思います。

人生に起こること、何歳で、どこで、どういう交通事故に遭って、どういうけがを負うか。何歳で、どういうタイミングで誰と結婚するか、離婚するか。どういう会社に入って、どういう成功をするか、失敗をするか。経済的にどういうレベルの生活をするか。どういう社会的立場にあるか。どういう老後で、どういう死に方をするか。生きざまのすべてに関する情報が12重螺旋に入っています。

人生のすべてはすでにシナリオがあることを知ると、交通事故に遭うのが心配、病気になったらどうしよう、仕事で失敗したらどうしよう、家族がいなくなったらどうしようなどという心配をしなくなります。設定されたことは自分の魂の同意のもとでしか起こらないからです。

ここに書き込まれた人生のシナリオも、その体験からの必要な気づきや学びにより書きかえることができます。これが、人生のおもしろいところです。

このように高次元多重螺旋DNAの仕組みを知ると、楽で愉しく生きるための大きな力になります。

まず人生が変わり、感情が変わり、そして身体が変わる

高次元多重螺旋DNAの情報は、まずエネルギーの一番高い、つまり、一番軽いところから書きかえられていき、だんだん重いところに入っていきます。

身体は物質なので振動数が一番低く、最も変えにくいのです。振動数が高いほどエネルギーは軽いので、ちょっとした気づきや学びで変わります。DNAも2重螺旋より4重螺旋のほうが振動数が高いエネルギーです。6重、8重、10重、12重と、さらに振動数が高い、目に見えない情報でできています。DNAという名前がついていいま

すが、ＤＮＡのリボ核酸というような物質ではなくて、それと同じ働きをしているエネルギー層です。

地球人として陥りやすい罠《わな》は、身体が変わっていないから感情がよくなるわけない、自分の性格がひねくれているのはこんな病気のせいだという考え方です。さらに、自分の感情がよくなったり性格が変われば、人生がもっとよくなるだろうと思っているのです。今までの地球社会の常識と固定観念でこういう思考ができてしまっていますが、これは実は逆で、だからうまくいかなかったのです。

本来は、**松果体を活性化して高次元のソウル・ウェイブを取り込めるようになると、まず自分の人生、環境が変わってきます。**

そうすると、当然感情とか性格、そして能力が変わります。

そして、身体が変わるのです。

外のエネルギーのほうが振動数が高くて、影響力が大きいのです。中から外は変えられません。振動数の高いエネルギーは振動数の低いエネルギーに影響できますが、逆はなかなかやりづらい。エネルギーの法則です。だから、外から変えないとダメだし、外から変わるものなのです。

高次元多重螺旋ＤＮＡにあるシナリオや情報を書きかえる最も強力な方法は、自分の大本であるゼロ・ポイントに近い宇宙の叡智の高い振動数とつながることです。このことは第７章で述べますが、それを実現するには**脳の中心にある「松果体」を活性化することが必要です。**「松果体」を珪素（水晶）化するのです。

チャクラに応じて身体ソウル・ウェイブ（神経の流れ）の乱れを正す

ソウル・ウェイブ（自己固有螺旋振動波）は、人間の頭頂部分から入って松果体を経て下に降りていきます。

そして、身体の中で身体ソウル・ウェイブ（神経の流れ）となります。

ここで参考になるのは、インド医学、アーユルベーダのチャクラという考え方です。チャクラには第1チャクラから第7チャクラまであります。1と7は身体外なので、私は1と2をいつも一緒に考えます。6と7も一緒に考えて、5段階で考えています。

固有振動波エネルギーは、第7チャクラで一番高くて、人間の身体に入って振動数を落としながら降りていきます。電気でも、物を流れると減っていきます。エネルギーは物質を通すと減ってしまうのです。それと同じことで、脊髄という神経細胞を通すと、振動数が減ってくるのです。

第7チャクラは、宇宙の叡智を受ける部分で、そのエネルギーは第6チャクラレベルである脳の松果体で受けとめられ、そこで人間の叡智に変換されます。

松果体に入る直前の振動波エネルギーを100万ヘルツと仮定すると、変換された第6チャクラの振動数は平均10万ヘルツと考えられます。第6チャクラは脳や目、耳、

【チャクラとソウル・ウェイブ】

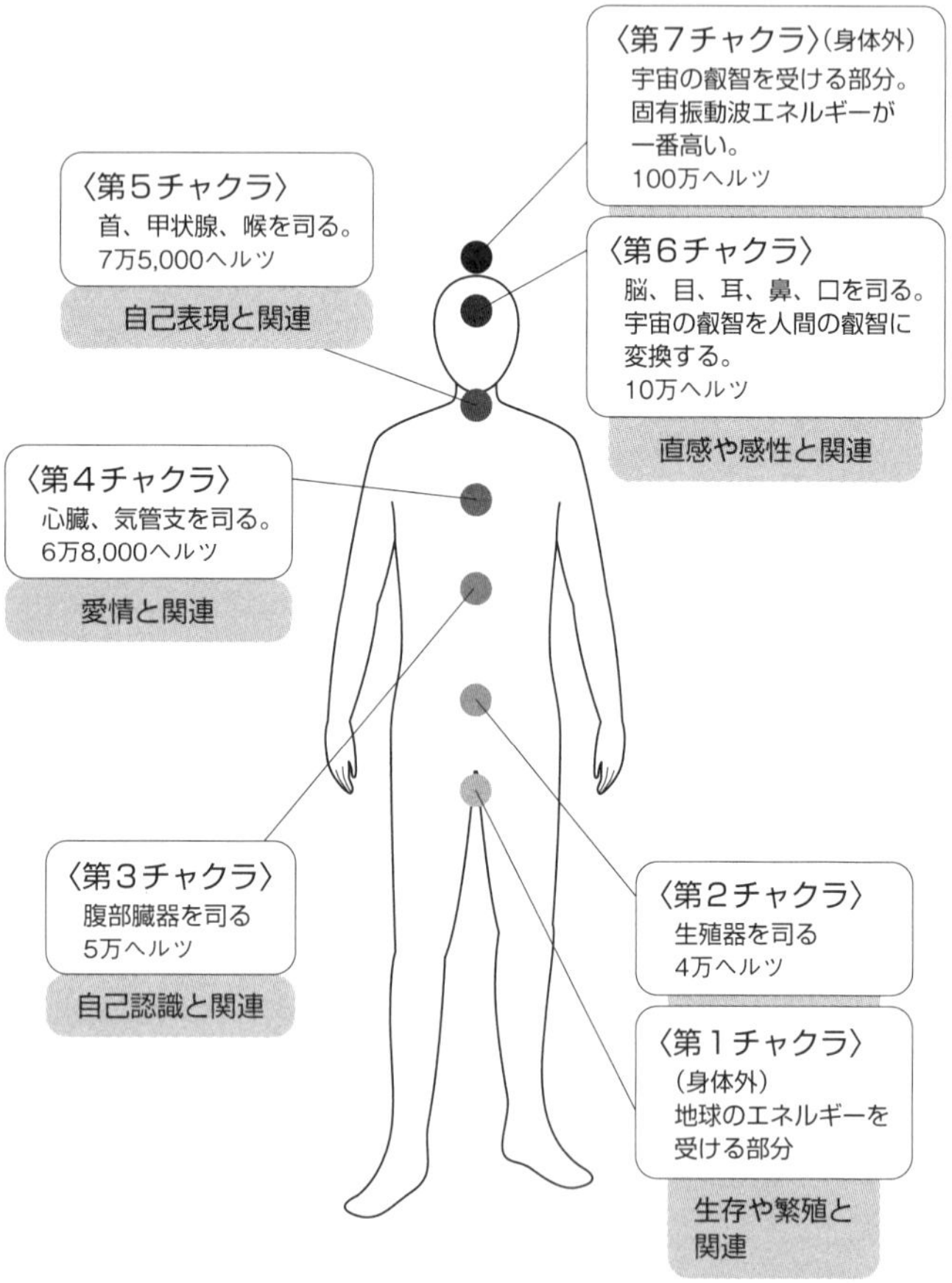

鼻、口を司《つかさど》る部分ですが、首や甲状腺、喉《のど》の第5チャクラに落ちたときには7万5000ぐらいに、胸の第4チャクラは6万8000ぐらいになっています。胃とか肝臓、腎臓など、内臓全部を司る第3チャクラは5万ヘルツぐらいになり、第2チャクラでは4万ヘルツぐらいになります。ここは人間の中の一番低いエネルギーで、女性の生殖器や男性の膀胱《ぼうこう》、腸、腰、足などです。色の法則と同じで、赤、オレンジ、黄色、緑、青、藍、紫という色の波長と同じレベルで落ちてくるのです。

脊髄からその枝である脊髄神経が身体にくまなく広がります。例えば、第1や第2チャクラで振動数が乱れている身体を魂が選んできたとすると、腰や生殖器の問題を持ちます。

また、第2チャクラのエネルギーが乱れていると、10重螺旋DNAの感情のところで不安・恐怖遺伝子を魂が選んでいます。

元気が出ない人がここを正すと、不安・恐怖が消えて腰痛が治り、元気が回復します。

一番下の第1・第2チャクラは、不安・恐怖と関係するということです。

次の第3チャクラは、メタボリックシンドロームの高血圧、高脂血症、糖尿病、また腎臓病、肝臓病、胃の病気など、すべての内臓の病気と関連しています。

第3チャクラのエネルギーの乱れと関連するDNA情報を魂が選ぶ理由は、感情としては不満をへらし、感謝を学ぶことがあげられます。小腸の免疫細胞や副腎の免疫機能をコントロールするところなので、ここが乱れると免疫が乱れてリウマチやアトピー、喘息《ぜんそく》、膠原病《こうげんびょう》などになります。

また、「怒り」を生み出します。リウマチの人は、「何で私だけがこんな病気になるのか」と自分自身に対して、あるいは他人に対して怒っています。

魂がそういうエネルギーを選んできたのですが、そのことに気づいていません。

そういう状況にある人がここの神経の流れを正していくと、おだやかになり、優しい自分になります。そのうちリウマチの痛みが改善してきます。こういう仕組みが、今まで誰も気づいていない人間の法則であり、仕組みなのです。

第4チャクラは、心臓の病気、狭心症、動悸《どうき》、不整脈、心筋梗塞、また胸腺という免疫のコントロールセンターがあるところです。身体でも人生でも、環境への適応力です。第4チャクラの機能が弱くなったり乱れると、自分のことが好きになれません。自分も人も嫌い、嫌悪感でいっぱいです。

人が嫌いだったり自分が嫌いという自分を選んできているので、社会からの疎外感があって、自分に優しくしてあげられません。だから、自分に厳しい社会が生まれるのです。これも自分が自分のために選んだ内容です。

ここを正していくと、まず社会が自分に優しくなります。人が嫌いだったのが、人や自分を好きになれます。受け入れられるようになります。そういう感覚を持つと、動悸などがなくなっていきます。例えば心臓がドキドキしたり、過呼吸になってしまう人、あるいは喘息、気管支の病気も、人生が改善され、感情が改善される経過をもって、最終的に病気は解決していきます。

私の患者さんを見ても、自分のことが好きになって受け入れられるようになったり、ある人を嫌いと思っていたのが受け入れられるようになってきたといった時点で、身体が解決する準備ができたということです。

第5チャクラのエネルギーの乱れと関連するDNA情報を魂が選んで来た場合は、甲状腺の問題や肩凝りを持ちます。

第5チャクラの乱れは、人間関係の問題を生み出します。自分をうまく表現できない人、自分はこうだよと人にうまく言えない人、中に閉じ込めて本来の自分を表現できない人になります。自分を正しく出していないから勘違いされて、人間関係がうまくいかないという社会問題、人生の問題を持っています。

ここが正されると人間関係がスムーズになります。自分のことが正しく理解されるようになってくる。そうすると、感情面が整い、自分を正しく表現できる。自分をわかってきます。そうすると、甲状腺機能が正常化し、肩凝りがなくなっていきます。

肩凝りを持つ人は、人間関係にすごくストレスがあります。人間関係が改善されなければ、肩凝りは改善しません。人間関係を改善するのに、コンサルテーションとか悩み相談センターに行ってもダメで、まずは自分のエネルギーを正すことが先です。

次は、第6チャクラと第7チャクラをまとめて言います。症状としては頭痛、めまい、耳鳴り、難聴。圧倒的に多いのはめまいです。現代はこの症状が何でこんなにふえたのか、それは、今の地球社会で、現代医学で薬と手術で身体の表面をごまかし、目に見えないDNA情報を正すどころか、さらに乱しているからです。

そのように、ソウル・ウェイブを正さずに死んでいくからです。ソウル・ウェイブを正さない大人が交配して、また新しい子どもをつくっていくから、乱れたままで生まれてきます。悪循環です。

また、ここのチャクラの乱れは、直感能力を下げます。うまく直感が働かず、いつももがいて生きてしまいます。

ここを正していくと、このままでいいんだとか、周りがいる中に自分がいていいんだという調和や直感が冴えてきます。

最終的には頭痛、めまい、耳鳴りが出なくなるか、あっても気にならなくなります。

以上がチャクラに応じて神経の流れの乱れを正すと、最初に人生が正されて、感情が正され、身体が正されるという仕組みです。

松果体が活性化され、高いレベルの宇宙の叡智とつながっていくと、その正しい身体の叡智（神経の流れ）によって、まず最もエネルギーの軽い第6・7チャクラが正されます。その後、順に、第5、第4、第3、第1・2チャクラが正されていきます。

したがって、上の乱れを正してやれば、下は自動的に正されていきます。

だから、私の理論は、上で操作してエネルギーを整えて、下に正しいエネルギーを流してやることによって、個別に操作しなくても、水道水を上から下に流すようなイメージで下を正すわけです。

私の診療は、それぞれ個別に操作して正すので治す能力が非常に高いのですが、皆さん自身ではそれはできないので、皆さんは自分自身で首の後ろを操作をする、もしくはフレーズ（言葉）を言うという方法をとって、乱れを正していくことになります。

これらの方法は第8章で詳しく述べますが、それらの目的とするところは、松果体を活性化する、つまり**「松果体を水晶（珪素）化すること」**です。

第6章

珪素の秘密とシリコンホール

水晶はあらゆる生命が持っているエネルギーの乱れを正す

水晶の話も、本書のポイントの一つです。

もともと私はパワーストーンが大好きです。アメリカ滞在中はセドナに行って、よくパワーストーンショップめぐりをやったものです。以来、アメリカのオークションのいろんなサイトを見ながら、いい石はないかと、パワーストーンとの出会いを求めてきました。

日本に帰ってきてからは、健康雑誌『壮快』のパワーストーン特集を私が監修したりしました。私の診療所にある石たちのエネルギーが私を応援してくれると同時に、私も石たちにいつも感謝を送っています。

私の診療所は、鎌倉でもパワースポット中のパワースポットです。鶴岡八幡宮の二の鳥居の真ん前で、教会とお寺に挟まれているので、まさに最強のエネルギースポットです。その中でも、石たちと私のエネルギーがこのビルのエネルギーを全体的に高めていて、エネルギーを感じる人は、ビルの下を通っただけで感じると言います。

患者さんの付き添いで来た人も、診療所に入るだけで症状が変わったり、人生が変わったりします。それぐらいエネルギーの力は大事なのです。

すべてを包括した一番高いエネルギーの色は無色です。色があるほどエネルギーは個性を持ちます。個性がダメというわけではなくて、それぞれの特性と能力です。

レインボーの7色（赤、オレンジ、黄色、緑、青、藍、紫）を一つにすると無色になると言われています。無色は最も高いエネルギーになります。色のあるエネルギーは特定のエネルギーを修正する効力を持ちますが、全能ではありません。しかし、水晶は全能なのです。

全能というのは、誰が持ってもパワーストーンとして役立つということです。私は水晶が全能だとわかってはいましたが、どうしてそうなのか長い間、疑問を持っていました。レッドジャスパーやローズクォーツなどは、特定の症状や悩みのある人が持つといい石ですが、水晶はどんな人が持っても役立ちます。

これには理由があります。水晶の主要構成成分である「珪素」という元素が、スーパーミラクルパワーを持っているからです。このことは、後で述べますが、人間のキーである松果体も実はこの「珪素」で主にできているのです。

水晶自体が高いエネルギーを持っているのではなく、この「珪素」が、宇宙の叡智を媒介し、その所有者に必要なエネルギーを供給するのです。

水晶は、珪素の集合体です。だから、魂のレベルで乱れてきたエネルギーは、水晶を通して、強力に正されます。

松果体も珪素ですから、松果体が水晶の役割をし、人間身体の乱れた多重螺旋DNAの情報を感知しそれを正すのに必要な叡智エネルギーを身体に供給します。

かつて水晶を活用していた生命体たちがいました。

私の故郷である高次元シリウス（非物質レベルのシリウス）では、非物質レベルの水晶（珪素）を利用して、生命体の想いをスムーズに実現させ、調和ある社会を形成していました。また、スーパーレムリア時代（レムリアの前のよりエネルギーが高い時代）では、水晶を使ってエネルギーを増幅させて、地球社会の進歩につなげていたわけです。エジプトなどの巨大ピラミッドは、水晶の力で重力をなくさせ、石を持ち上げてつくったものです。

フリーエネルギーと水晶シリコンホール

石炭や石油、水力、火力、原子力は、地球の今までの発達段階では有効な手段でしたが、これからはエネルギー資源に頼らず、まさに無から、空間からエネルギーを生み出す時代に入っていきます。

フリーエネルギーの実用に成功しているところもありますが、世の中に出ていない段階です。フリーエネルギーが実用化されると、石油のメジャーやエネルギー、原子力に関連した団体が全部潰れてしまうので、世の中に出ないように圧力がかかっているというのが現実です。

地球段階ではまだそういうものが出ずに潰されていますが、ある段階を迎えたら出てくるようになります。

フリーエネルギーにも水晶、珪素が大きな役割を果たすでしょう。

水晶をつくっているのは、99・9％以上が珪素という原子です。原子番号14で、真ん中に原子核があって、14コの電子が周囲を飛んでいます。珪素に限らず、原子はほとんどが電子と電子の間にある空間でできています。

水晶、珪素がどうしてそんなに力を持っているのでしょうか？

珪素の電子同士の空間のあるポイントに、ブラックホールのようなものが存在します。私はこれを「**シリコンホール**」と呼んでいます。

珪素が乱れた情報を吸い込んで、修正するという役割を担っているのがシリコンホ

【珪素原子と珪素ブラックホール】

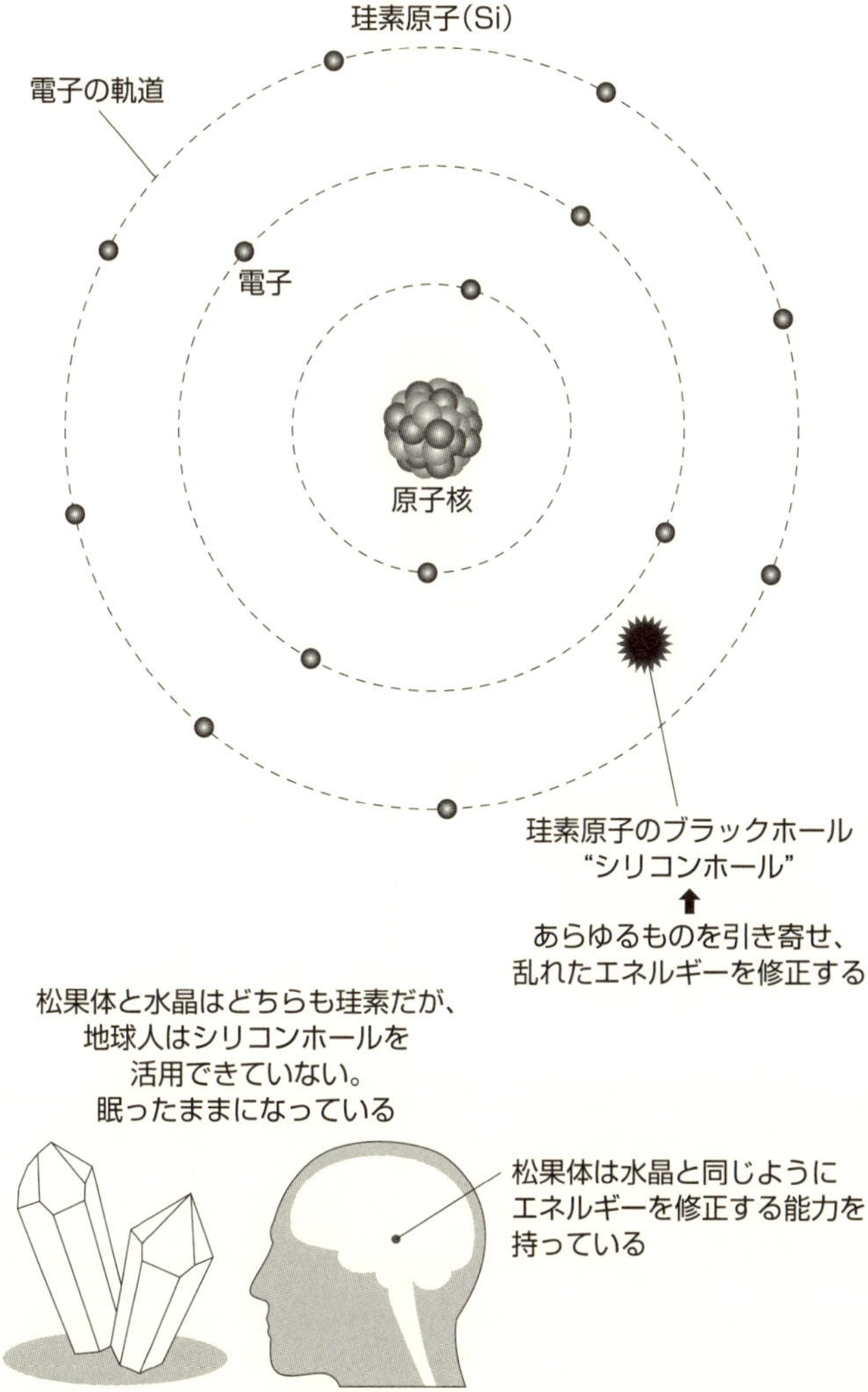
珪素原子(Si)
電子の軌道
電子
原子核
珪素原子のブラックホール
“シリコンホール”
あらゆるものを引き寄せ、
乱れたエネルギーを修正する
松果体と水晶はどちらも珪素だが、
地球人はシリコンホールを
活用できていない。
眠ったままになっている
松果体は水晶と同じように
エネルギーを修正する能力を
持っている

ールです。これこそが、松果体と水晶を構成する「珪素」の秘密であり、このことは、今まで、地球の誰一人として指摘したものはありません。

フリーエネルギーについてはさまざまな見方がありますが、私は、瞬間的にその場で生まれてくるものだと感じています。何もないところから振動波エネルギーを生み出すものができると考えています。これも、珪素の成せるところです。

珪素のシリコンホールは、なにもないところからその場の環境に応じて、ソマチッド、ウィルス、細菌などの微生物生命体をも瞬時に生み出す能力を持ちます。

また、水晶を使用すると空中に岩を浮揚させてピラミッドをつくったように、UFOを空中浮揚させるエネルギーとして使えます。重力の影響を受けない反重力エネルギーです。今後は、日常生活の中で使えるものになっていくと思います。

宇宙にもある珪素の集団

人間の身体だけでなく、宇宙にも珪素の集団がところどころにあります。小ブラックホールのような形で存在していて、すべてを吸い込んで、また出します。

小ブラックホールは珪素の塊が主役になっていると宇宙科学的に考えています。**小ブラックホールの集合したものが宇宙にあるブラックホールです。**

ブラックホールの役割は、宇宙の乱れたものを吸い込んで、宇宙に必要な調和にあふれた高いエネルギーを戻してくれます。吸い込まれてなくなってしまうおそれもあるのですが、その次元に出てこなくても、必ず違う次元で新しいものとして出ていくのです。

例えば、地球上である飛行機が急に姿を消してしまう、人が姿を消してしまうというのは、シリコンホールの集団である小ブラックホールに吸い込まれた可能性があります。

ただ、**小ブラックホールの役割は、「よりすぐれたエネルギーとして戻す」**という性質が必ずあるので、この次元でなくても、違う次元でもっといい姿で存在している可能性は高いと思います。

松果体を活性化する

今まで地球社会においては炭素（C）が主役でした。炭素は有機物質のもとになっており、人間の細胞も有機物質、炭素をもとにしてできているので、遺体を燃やすと最後に炭素が残ります。

しかし、**これから人間は珪素化していかなければならないでしょう。**

これからの地球人が進化する形態としては、珪素を身体により多く含んだ人間です。

人間が珪素化していくと、まず第1に、松果体の珪素の量と質が向上します。

松果体がより珪素化すると、変換能力が高まるので、よりよい状態で人間の身体に宇宙の叡智エネルギーを注ぎ込めます。

これからの新しい地球社会では、松果体を水晶（珪素）化することが、地球人の進化・成長の鍵です。一人一人の人間としても、まとまりの地球としても、やらなければならない最も重要なことです。必然的に、地球人は水晶（珪素）化していきます。この流れは誰も止められません。

胸腺を活性化する

地球人が珪素化すると第2に、胸腺が活性化します。

胸腺も、松果体と同じようにほぼ珪素でできています。

つまり、エネルギーを変換する能力を持っています。

胸腺は免疫の司令塔であり、リンパ球をはじめ、いろいろな免疫細胞になるものを作成する場所です。これは珪素のシリコンホールの役割が大きいと考えています。

キラーT細胞やヘルパーT細胞など、リンパ球にはさまざまな種類がありますが、身体の状況を胸腺の珪素が察知して、水晶と同じように必要な細胞を生み出せます。

つまり、**胸腺は、人間環境への適応力を整えていく役割を持っています。**

人間の身体でいうと、身体の適応力や修復力を整えていくところですが、あらゆる社会環境に適応したり、人間関係の適応力を整える大事なセンターです。

胸腺というものは、医学上は、幼少のころ発達して大きい器官になりますが、大人になるにつれ退縮していって、あまり役をなさないものとされています。

それは違います。松果体と同じで、今まで退化する地球社会で、人間がそれを活用しなかったから働かなくなっているだけであって、今後、その役割は重要になります。

ミトコンドリアの活性化

人間は、約60兆個の細胞でできていると言われています。赤ん坊のころは100兆個ぐらいで、成人になるとだんだん減って60兆個に落ち着きます。

すべての細胞にたくさんのミトコンドリアという器官があります。ミトコンドリアは細胞のすべてに備わっていて、人間が地球社会で活動するために必要なエネルギーを産生する器官です。ATPというエネルギーのもとの物質を産生します。

じつは**ミトコンドリアの構成成分も主役は珪素です。**ですから、珪素が少ないとエネルギーを強く生み出せません。ミトコンドリアの珪素は、細胞のエネルギー状態を感知し、シリコンホールを通じて宇宙の叡智を酸素原子に作用させ、多くのATPを産生します。

松果体を水晶（珪素）化していくと、宇宙の叡智により、水素原子の電子が動員さ

れることにより原子転換（錬金術のようにあるものから全く異なるものを生み出すこと）がなされ、胸腺やミトコンドリアが珪素化するのです。地球で元気に活発に生きるためにはミトコンドリアの活性化が欠かせません。

放射能や有害物質の解毒

珪素の重要な役割の4つ目は解毒能力、デトックスです。

今の地球人は空気汚染、土壌汚染、食物汚染、あらゆるものによって身体が汚染されています。社会環境を見れば有害物質だらけです。予防接種もエネルギー的には毒です。

皆さんは予防接種に疑いを持っていないようですが、予防接種を打てば打つほど人間のエネルギーは乱れて、退化します。これは当たり前の話です。ウイルスはじめ悪いものを不活性化して弱めた形で身体の中に入れているのですから、百害あって一利なしです。これは悪いものを身体に入れることによって免疫能力を目覚めさせて退治しようとする、非常に幼稚な考え方です。

現代医学の大きな問題点は、「病気は外から襲ってくる」と考えていることです。ウイルスや細菌が侵入してくるから病気になると考えています。それが正しければ、小学校のある教室でウイルスが蔓延《まんえん》したら、同じ空気の環境にいる全員が風邪になるはずです。

でも、感染する人は一部で、風邪にならない人が大勢います。外からの要素は一つのトリガー、きっかけにはなります。症状を決めるのは、その人間のエネルギー状態です。

予防接種を打つと、免疫を余計に過敏にしてしまいます。ふだん反応しなくていいものに過剰に反応してしまうから、ちょっとしたことで症状を起こす身体になってしまうのです。免疫を乱してしまうからです。ワクチン摂取は自然の摂理から外れています。

もっと悪いのは、予防接種には弱毒化したウイルスだけでなく、その効力を上げたり、保存するためなどに有機水銀が入っています。幼少のころから予防接種を受け続けると、水銀が蓄積されて、大人になると脳障害や脊髄障害を起こして、重篤な病気になったりします。予防接種は人間を堕落させるための格好の材料です。

だから、予防接種は打って得られるメリットよりも、打つことによるデメリット、怖さのほうがはるかに大きいのです。子宮頸《けい》部《ぶ》がんの予防接種は、まさに毒を入れて病気を起こしています。

皆さんはインフルエンザの予防接種を打った害のほうがはるかに多いのに、何で打ち続けているのでしょうか？

私の子どもはアメリカで生まれて、現在10歳ですが、一度も小児科に行ったことはないし、予防接種も打ったことはありません。人間として打ったらダメだからです。

インフルエンザにしても同様です。

ウイルスや細菌は、身体に処理できる能力があれば、何も操作をしなくても自分で適応していけます。自分で処理できる適応能力や解毒能力が高ければいいわけです。

その能力をもっと上げたければ、身体を珪素化すればよいのです。

珪素は放射能や有害物質をシリコンホールに全部吸い込んでくれるので、悪いものを悪いものとする影響を受けなくなってきます。

放射能を受けたすべての人が甲状腺がんになるわけではありません。

適応能力や解毒能力の高い人は病気にならないのです。

適応能力は、胸腺が主に担っています。

── 人間万能再生能力の向上 ──

珪素の重要な役割の5つ目は、再生能力、身体に必要な新しい細胞をつくる能力です。

第6章
珪素の秘密とシリコンホール

151

今までの地球社会においては、「脳や脊髄、心臓の細胞が損傷されたら再生されない」と言われていました。再生しないから、脳障害や脊髄損傷になったら諦めなさいと言われていたのです。現在、細胞を再生する研究は盛んに行われていますが、動物レベルで進展があったというニュースは多少あっても、人間レベルではいまだに再生されていません。最先端の研究でも再生は実証されていないのです。

しかし、シリコンホールはこれを可能にします。

原子転換という能力を珪素が担い、何もないところから、または、他の原子から必要な原子、物質を生み出すのです。

食べる・寝る必要の少ない珪素化地球人

今までの珪素が少ない地球人は食べることで身体をつくってきました。食べることで細胞をつくったり、細胞を働かせたり、直したり、人間を人間たらしめる能力を出していたわけです。だから、「よく食べなさい」と言われてきました。食べることで、炭水化物、たんぱく質、脂肪の主要構成成分である炭素（C）を主な人間の中心元素として生きてきたのです。

しかし、**これからの新しい地球人は、よりよく生きるために、珪素（Si）を主体とする身体をつくっていくことが重要になります。身体を珪素化することで、高いレベルの宇宙の叡智をもとに、より高い能力をもって生きるようになるのです。**

人間が珪素化すると、あまり食べなくてよくなります。私の尊敬する弁護士で、すぐれた人間力をお持ちの秋山（佳胤《よしたね》）先生は不食を実践されて、8年も何も食べておられません。飲みもしていない。たまにおつき合いのときは、ちょっと食べるらしいですが、何も食べなくていいということです。

秋山先生はプラーナからエネルギーを得ていると表現されていますが、フリーエネルギーを得ていることと同じことです。珪素がふえるとそういったエネルギーを自分でつくっていくことができます。秋山先生は自分の中にある珪素を使う能力が高いと思います。

私が自分で実際に少しの期間、不食を体験してみて、自分の身体でわかってきているることでもありますが、「食べなくてよい人間」になると、「寝なくてよい人間」になります。うたた寝程度を少し入れれば十分です。

今、地球人が非常に退化して、本来の能力を出しきれていない大きな要因は、決まった時間に、決まった回数の食事をして、決まった時間に寝て、起きていることにあります。

社会構造的に非常に縛られた、魂的には幼稚な生き方をさせられてしまっています。

これが一つの大きな落とし穴です。

細胞のたんぱく質をつくるには炭素や窒素、水素、酸素などが必要です。

今までは食べることでしか身体をつくり、身体を動かすことができないとされてきましたが、身体の珪素化により、どんな環境においても珪素の能力により身体がつくられ、身体が高いレベルで機能するようになるのです。

これは、私の起源である非物質の高次元シリウスにおいても生命体の活力源になる仕組みです。

宇宙の叡智が松果体に取り込まれやすいのは深夜2時頃

じつは宇宙のリズムでは、**夜中の2時頃が宇宙の叡智エネルギーが松果体に最も取り込まれやすい時間です。**一番低いのは昼の2時頃なので、私たちは全く逆の生活をしてしまっています。

本当は昼の2時は寝ていたほうがエネルギー的に効率がいいのです。夜中の2時頃に叡智が最も取り込まれ、夜中に仕事をする人は冴えます。夜中のほうがいい発想が出るし、いい直感が働くわけです。

松果体が冴えてくると、宇宙のリズムと同調しやすくなり、今の地球社会のリズムと異なる生き方がここちよくなっていきます。

脳を正しくとらえる

脳のことを正しく知ることはとても重要です。

地球の科学のレベルでは、脳がすべてをコントロールしている、脳が病気のもと、また、脳が自分の人生を支配していると言われていますが、本当は正しくありません。

脳は、人間が母親から生まれて、地球社会で経験することから生まれる情報と知識の貯蔵庫にすぎません。

過去の経験に伴う知識や情報は、どちらかというとネガティブな感情を生み出す内容のものが多く、脳の中心にある松果体における宇宙の叡智を身体の叡智に変える変換作業を阻害します。だから、本当は脳の知識や情報がないほうが人間は進化成長しやすいのです。

これは人間を考える上で革命になる部分でもあります。今まで、脳がすべての身体をつくったり、働かせたりしていると考えていましたが、それは生まれてからの経験を貯蔵しているだけです。**人間の進化と成長に必要な大事な知識や情報は、脳ではなく、松果体に取り込まれる宇宙の叡智にあります。**

脳にはもちろん優秀な知識とか体験や学習から得た情報もありますが、脳を支配しているのは不安、恐怖、怒り、嫌悪感というネガティブなエネルギーが強いのです。これが問題になります。

松果体で純粋に叡智を変換できれば、今この瞬間を高い次元で生きられますが、脳のネガティブな知識と情報が、その変換を阻害します。そうすると、純粋に変換された宇宙の叡智でなく、濁った叡智が身体のエネルギーとして入ります。だから、人間が進化しないのです。

地球社会で本当に必要なとき以外は、脳は使わないようにしていったほうがいいのです。

地球人が一生懸命解決しようとすることは、脳を使わなくても直感を澄まして宇宙の叡智を取り入れれば自然によい方向にいくのです。

瞑想《めいそう》は、脳の情報をシャットアウトできる一つの手段です。雑念をとった状態をつくっていくことは、非常にいい訓練になります。

赤ん坊は、脳をあまり使っていません。宇宙の叡智が松果体で強力に変換できているので、赤ん坊は直感が冴えています。赤ん坊の意識は、私たちより非常に高いのです。

今レインボー・チルドレン、クリスタル・チルドレン、バイオレット・チルドレン、スター・チルドレンなどの優れた魂を持つ子どもたちは、地球の毒に染まってその能力が抑えつけられています。もったいないことです。脳を使わないで、そういうエネルギーで生きるという生き方をぜひやってもらいたいと思います。

第7章

身体ソウル・ウェイブ（神経の流れ）の乱れと身体／人生の問題

身体ソウル・ウェイブはなぜ乱れるか

身体ソウル・ウェイブというのは、これまで述べてきたソウル・ウェイブを2つに分けたもののうちの1つです。

人間に入るまでの宇宙レベルのものは**宇宙ソウル・ウェイブ**といって、宇宙の叡智、その人の魂のエネルギーそのものです。

宇宙ソウル・ウェイブが脳の松果体で**身体ソウル・ウェイブ**に変換されると述べました。これが神経の流れ、つまり「神の通り経《みち》を通る、神の情報」です。

身体ソウル・ウェイブが神のエネルギーとして脳から脊髄を降りて、脊髄から枝分かれした脊髄神経を通って、さらに枝分かれして身体中の細胞に行き渡っています。あるべき情報のエネルギーが神経の中を通って、神経の流れとして身体中の細胞とDNAの隅々に届けられています。これが乱れていると、身体と人生があるべき状態

【身体ソウル・ウェイブ（神経の流れ＝身体の叡智）】

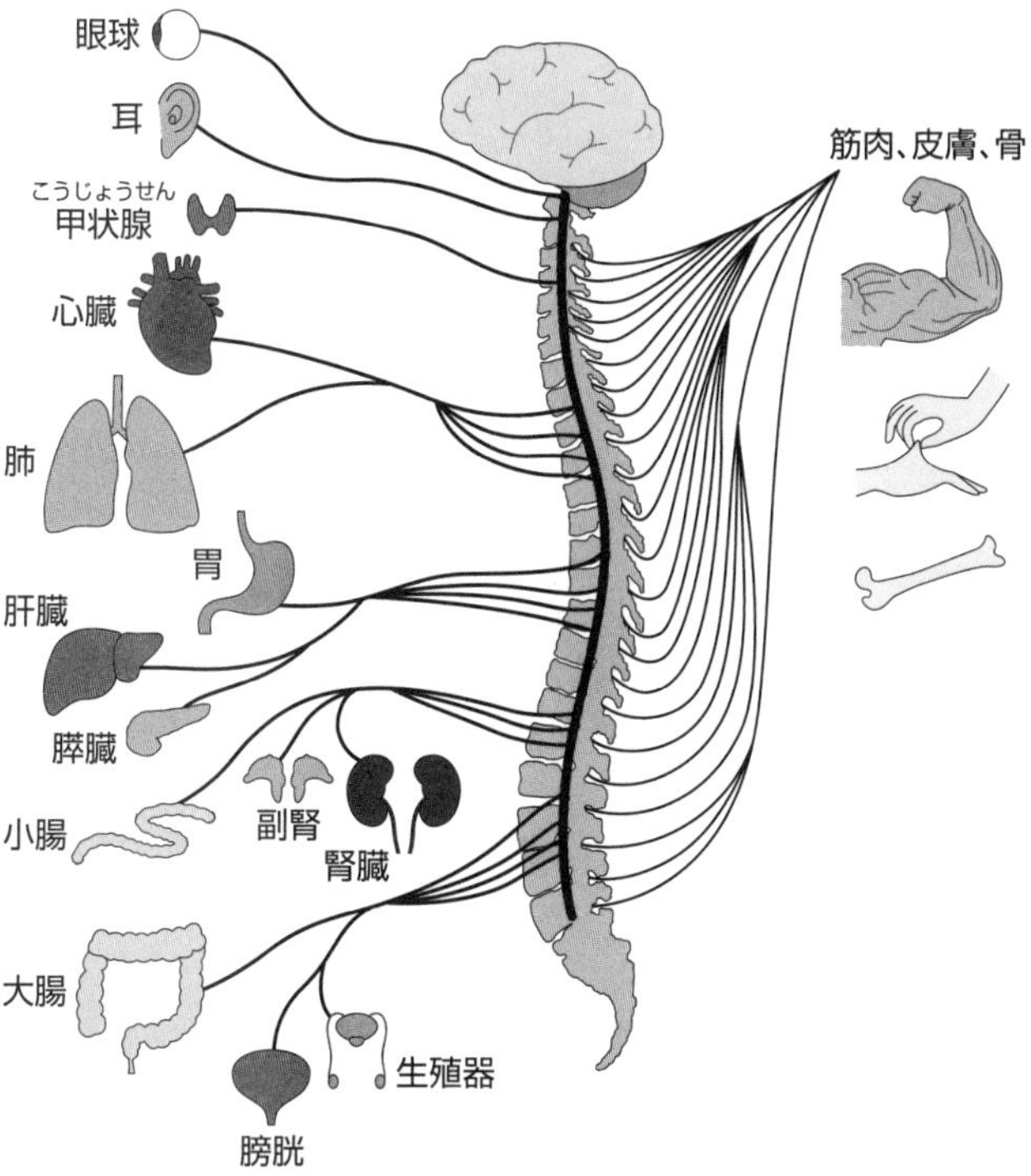

になれません。

本書の冒頭で私の診療について少し触れましたが、ここで改めて説明します。私が鎌倉の診療所で行っていることは、患者さんの身体の中にある身体ソウル・ウェイブ（神経の流れ）の乱れを正すことです。

身体ソウル・ウェイブはどうして乱れるのでしょうか？

それは、皆さんの魂が今の身体と人生を選ぶときに、身体と人生に問題を持つ、目に見えないDNA情報を選択するからです。

身体ソウル・ウェイブの乱れを必然的に持つ個体を、自分が入る魂の受け皿として選んでくるわけです。正確には、おのおの乱れたソウル・ウェイブの振動数部分の整数分の1といった倍音状態として、魂の乱れの振動数と特定の乱れを持つ特定部位の乱れたDNA振動数が共鳴する場合に、実際に魂のDNA選択が行われます。

人間は2重螺旋DNAだけでなく、4重、6重、8重、10重、12重螺旋のDNA情報の中に、人生でいつ、どこで、どういうことが起こるのか、また、身体においても、いつ、どこで、どういうことが起こるのかといったことを、シナリオや情報として全部持っています。

それを見きわめた上で、自分の魂のエネルギーの乱れを修正するのに最も効率的な人生と身体のDNAを持つ個体を選ぶわけです。

がんを選ぶ魂とは？

魂のエネルギーの乱れを正すのに修正能力が非常に高い課題として「がん」という病気があります。

なぜかというと、がんは地球上では死に一番近い病気だからです。不安や恐怖、怒りの修正を学びます。

もう1つ、がんを選ぶことで最も効率的に修正できる魂の乱れは「エゴ」です。

自分や周囲の人のエゴが強くなって、人と調和できなくなった、宇宙の中で自分の魂のエネルギーと調和できなくなったと感じたときに、がん細胞はエゴという性質を持っているので、自分やその人がそうであってはよくないということを学ぶための題材となります。

それだけではありませんが、この2つはがんを選ぶときの魂のよくある状態です。

例えば腎臓がんになってしまった方がいるとします。この方は、もともとDNA遺伝子の状態で腎臓がんになることを選んできています。

背骨から腎臓に行く神経は、背中と腰の間のところから出ています。腎臓のDNAががんになることをわかっているので、設定された年齢や場所、環境でがんになるのです。

神経のソウル・ウェイブは腎臓でがんのDNA遺伝子情報を受けてフィードバックしたときに、がんの振動数をどんどん拾っていきます。そうすると、腎臓のがん細胞のDNA情報がソウル・ウェイブを乱していくということです。

ソウル・ウェイブは身体のどこにおいても同じ振動数であるべきなのに、腎臓に流れるところだけが乱れてしまうのです。

身体ソウル・ウェイブをさらに複雑化する3つの要因

ソウル・ウェイブ（神経の流れ）の乱れは自分の魂がDNAを通して選択していますが、生後にさらに複雑化する要因が3つあります。

もともと先天的なDNAの情報に基づいて乱れるわけですが、地球に生まれてから身体ソウル・ウェイブをさらに乱すのが、**「物理的」、「化学的」、「感情的」という3つの要素です。**

物理的要素は、事故やけが、あるいはくり返す動作、悪い姿勢で、物理的に神経の通り道に問題を起こして、さらに乱れを増していきます。

物理的な問題を体験することも、実は目に見えないDNAに書き込まれています。

DNAの情報に基づくものです。

いつ、どこで、どういう事故に遭うとか、どういうけがをするとか、どういう職業についてどういう姿勢をとりやすいとかいうこともＤＮＡは情報として全部持っていますが、生きている間にさらに複雑化するわけです。

２つ目の化学的要素は、食品添加物や大気汚染、放射能、予防接種や薬などに含まれる有害物質で、神経自体にダメージを与えます。薬や毒は特定の振動数を持っています。

特定の振動数は、倍音の法則によって、身体もしくは感情の「ある特定の領域」に作用します。これらの化学的要素が、身体ソウル・ウェイブの乱れ、神経の流れの乱れをさらに生み出していくのです。

また、生まれてから、いつ、どこで、どういうものを食べて、どういう毒を自分の中に入れるとか、どこに住んで、どういう放射能を受けるとかの、化学的要素も目に見えないＤＮＡにシナリオ・情報として書き込まれています。

3つ目の感情的要素は、地球社会にいると、どうしてもネガティブな感情に影響されてしまうことです。老後の不安や病気の不安、いい仕事につけるのか、またリストラの不安など、いろいろな不安・恐怖があります。

もしくは、周りの人に対する怒りや、自分が嫌い、人が嫌いという嫌悪感もあります。そういった感情は特定の振動数を持つので、倍音の法則によって、身体の中のある一定の部分のソウル・ウェイブの振動数と共鳴してしまうと、神経の流れをさらに乱していきます。

でも、性格や感情、気質は10重螺旋DNAの情報で持っているので、魂は納得ずみです。この身体にソウル・インすれば、どういう性格で、どういう感情で、どういうふうに神経が乱れやすいかというのはお見通しなのです。ただ、生きているうちに、想定した神経の流れの乱れが複雑化するのです。

高次元DNAを書きかえる

「がんになるんだよ」という本人のDNA情報に基づいてがんになっているにもかかわらず、現代医学ではその情報をそのままにしておいて、がんを抗がん剤や放射線でたたいたり、手術で取り去ってしまおうとするわけです。

「がんになりなさい」というのは目に見えない高次元DNA情報ですから、目に見える物質をたたこうと取り去ろうと情報は残ったままなので、再発や転移が起きるのです。

薬や放射線を使い、手術をすると、魂が選択した人生と身体の問題から気づきと学びを得るという体験を放棄してしまいます。また、身体の機能が非常に落ちてしまい、適応力、免疫力、治癒力のすべてが落ちてしまいます。これで悪循環に陥るのです。

さらに医者から、「あなたは私の言うとおりにしないと早く死にますよ」、「生きられないですよ」という不安・恐怖が投げかけられます。がんは不安・恐怖の感情を修正するために魂が選んだのに、逆に不安・恐怖が強くなって、魂の学びを全くこなせない悪循環サイクルに入ってしまっているというのが、典型的な地球人の姿です。

ただし、例えば50歳のときに腎臓のがんを発症するという目に見えない高次元DNAを魂が選んできたとしても、絶対に発症しなければいけないかというと、そうではありません。実は、書きかえは可能です。

それまでに必要な学びや気づきを得て、魂が腎臓のがんをそれ以上体験しなくても大丈夫と判断した場合は、スイッチが切りかわるわけです。

そのときに高次元のDNAは書きかえられます。病気、交通事故、人間関係、人生の問題に関しても、書きかえは可能です。

ネガティブな例とは反対の、**いつ、どこで、どういう成功をするかというポジティブなことも高次元のDNAに全部書き込まれています。**いつ、どこで自分が社会で大成するか、栄誉を得るか、金銭的に成功するか、人脈的に成功するかというのは全部書き込まれていて、魂は成長のためにそれを使っていきます。

個人のいろいろな能力も10重螺旋DNAに書き込まれていますが、強力な気づきや学びにより、どんどん書きかえることは可能で「不可能」というものは存在しなくなります。

例えば生きがいや使命を選ぶときに、DNAのシナリオと情報に書き込まれたことを選べば、努力や我慢、頑張るという感覚を持たずに、楽にできます。

あなたの周りにもいませんか？「あの人は愉しんでいるだけなのにうまくいっているな」と思える人が。そういう人は、もともとDNAに書き込まれた情報に従って生きているからです。

しかし、DNAのシナリオどおりに生きないといけないかというと、そうではありません。生きている間にいろいろな気づきや学びがあって、遺伝子が高次元で書きかわってきたときに、生き方を変えてもいいのです。

でも、ＤＮＡに書いてないことをやろうとすると、壁だらけ、障害だらけです。誰かが反対したり、邪魔をしたり、失敗したりする。

ＤＮＡに書き込まれたことは魂に基づいたものなので、高次元のエネルギーやすべての魂の集合エネルギーが応援します。だから、すんなりいきますが、書き込まれていないことをやろうとすると宇宙のエネルギーの応援を得られないのです。

地球人の癖は、数回やってうまくいかなかったら、これは自分に向いていないとか、いろいろ理由をつけて諦めることです。

でも、もともとＤＮＡにないことでも、魂がやりたいと思うことだったら、ＤＮＡが書きかわり始めているので諦めずに、小さいワクワクを追い求めて大きいワクワクにする方向に生きていくことです。魂を躍らせるのです。

魂の振動数の度合いによって実現する時間枠は違います。振動数の高い人は短い時間で成功するし、低い人は長くかかりますが、**ある一定期間、ブレずにその高い振動**

数を保っていると、「引き寄せの法則」や「鏡の法則」と同じ原理で、必ずエネルギーとして実現します。なぜかというと、DNAが書きかわるからです。

例えば人生のいつ、どういうところで、どういうことが起こるかというシナリオは12重螺旋のところに、身体にいつ、どういうところで、どういうことが起こるかというシナリオは8重螺旋のところに書き込まれています。

もともとDNAに書き込まれていないことに挑戦すると壁や障害がたくさん出てきますが、この仕組みを少しでも理解できれば、障害や壁を素直に受けとめて愉しんでいけるようになり、一定期間、その想いがブレずにいると、目に見えないDNA情報が書きかわります。

これが重要です。そうするとうまくいって、周りからは、あの人はすごく努力してなし遂げたねと見られます。地球人に対してそういう見方をするとおもしろいです。

すんなりいく人は、もともとDNAに書き込まれたことをやった人で、何回失敗しても諦めずにやった人は、DNAを書きかえた人です。

脳と魂の関係性

私の診療所では、私は患者さんの身体のソウル・ウェイブの振動波の乱れ、つまり身体のオーケストラの演奏（トーン）を乱しているところに触れて、正しています。触れたら乱れた箇所がすぐわかるのですが、これは一般的には難しいことです。腎臓がんの人であれば、腎臓に行く神経の枝の乱れたところで振動数（トーン）の乱れを感知し、ほかと同じ正常な振動数（トーン）の振動数に戻します。

がんが消える患者さんもよくいますが、なかなか消えない人もいます。その仕組みの一つの要因に脳の指令があります。もともと「腎臓にがんという問題がありますよ」という情報が脳の図書館に情報としてインプットされてしまうのです。そうすると、「私は身体的に腎臓のがんですよ」という情報が細胞にも入っていきます。

エネルギーの原則でいうと、**ソウル・ウェイブを正せば一瞬でがんは消えるはずですが、脳が細胞に指令してしまうので、がんのままなのです。**

一方、脳に正されたソウル・ウェイブ情報がフィードバックして送られると「がんである」という情報を少しずつ塗りかえていきます。脳がじゃまをしなくなるのです。そうすると、人間の魂は自分が本来あるべききれいな状態を自己の宇宙の叡智として知っているので、本来の状態に戻るべきソウル・ウェイブを身体細胞に送るようになります。そのときには、脳の情報は完全に邪魔しなくなっています。

最初は書きかえようとしても脳の情報が邪魔するのですが、だんだんと邪魔しなくなり、DNAの情報が完全に書きかわって、がんが消えていくのです。

人生や身体を自分でコントロールする方法

私は、今までの自分の著書で、皆さん自身で身体ソウル・ウェイブを正す方法をお伝えしてきました。ドクタードルフィン公式ホームページでも紹介しています。

本書でもお伝えしますが、身体ソウル・ウェイブを正すことにより、身体、特に松果体を水晶（珪素）化して、ご自身の高い振動数の叡智エネルギーを降ろせば、自分で本来のあるべき姿に正していきます。

ただ、その人が自己固有螺旋振動波のどの振動数レベルまでアクセスできるか、高ければ高いほど振動数が高くきれいなエネルギーなので、速く効率的にソウル・ウェイブを正し、高次元ＤＮＡを修正できます。書きかえられます。

人生や身体をコントロールするには、松果体を活性化、つまり水晶（珪素）化し、

高いレベルの宇宙の叡智と共鳴することです。

それによりDNAだけでなく「脳を塗りかえる力」になります。自分の高いところにアクセスして、高いエネルギーを降ろして、自分のソウル・ウェイブの乱れを正せる人は、脳も早く書きかえられて、自分の振動数をどんどん高められます。

私が診療で触れるにしても、ご自身でやるにしても、ソウル・ウェイブの乱れがあるところを正していくと、全体的に振動数（トーン）がきれいになるので、身体が1つのまとまりになります。1カ所でも濁っていると1つのまとまりになりません。

オーケストラがきれいな音楽を演奏できて、1つのまとまりになったときに、松果体で高いレベルのエネルギー変換がなされ、宇宙の叡智がきれいに入ってくるようになります。そうすると、振動数が上がってさらに、高次元にアクセスできるようになるのです。よい循環ができるのです。

だから、まず身体の不均一なトーンを均一に整えて、そこで学びとか気づきを得て、

最終的に脳とDNAを書きかえることによって振動数が上がります。

そのときは、最初にＤＮＡの一番外側の12重螺旋の層に変化が起きます。まず、人生に変化が起きます。あの人が優しくなったとか、急に友達関係がうまくいくようになったとか、仕事関係がうまくいくようになったとか、経済状況が好転したというようなことが起きます。

私の診療所に来院する患者さんもそうですが、皆さん、まず「身体が変わる」と勘違いしています。地球人の癖は、まず身体が元気になったらこういうことをやろうとか、病気が治ったらこういうことをやってみたいという発想ばかりですが、実は逆なのです。

ソウル・ウェイブを正して、松果体を活性化すると、まず自分の人生環境そして人生のシナリオが変わってきます。人づき合いや経済環境、自分の暮らしとか、いろいろなことです。次に変わってくるのが、感情と性格の層です。自分の考え方や気性など、気持ちが変わってきます。最後に、ＤＮＡの一番内側の層の身体が変わってくるわけです。

脳の中心にある松果体を活性化すると必ず何かが変わり始めます。

でも、病気の人はまず「身体を変えたい」と思っているからダメなのです。人生にもがく人は、病気があるから変えられないと思うからダメなのです。まず心を穏やかにして、何か人生で変わっていないかとご自身を振り返ってください。自分の人間関係、親子関係、仕事関係、経済状況、必ず人生から変わっていきます。

次に変わるのが「気持ち」です。生きる元気が出て、不安・恐怖が消えてきたり、怒りがおさまってきたり、穏やかになってきたり、感謝できるようになります。

こういう順番で人間は変わるのです。

そのうちに、いつの間にか「身体」が変わっています。この原理を知っていると、人生を自分でコントロールできるようになります。

私が本書でお伝えしているのは、身体を変える方法ではありません。

まさに生き方、あなたの魂を変えるための宇宙のスーパー・トップ・シークレットを教えています。この原理をつかめば自分の人生をコントロールできるようになります。

魂はジグソーパズルの1ピース

自分で人生環境も、感情、気性、能力、性格も、自分の身体も最終的にはコントロールできることがわかってくると、今まで自分をコントロールしてきたもの、まず政治、経済、教育、これらの要素が少なくなっていきます。自分が制度に縛られなくても、自由に生きて、自分のためになることができる。

もう1つ言えることは、ソウル・ウェイブを正してDNAを書きかえて、自分の振動数を上げて自分の魂を喜ばせてあげると、必ず自分以外の他の魂が喜びます。なぜかというと、魂はつながっているし、宇宙は調和でできているので、自分が喜べば誰かが必ず喜ぶという仕組みがあります。

地球社会のように、誰かが幸せになったら一方でねたんだりするという世界ではありません。みんながハッピーでポジティブであることが成り立つのが宇宙です。

地球で言うポジティブとかネガティブは、本来、宇宙の社会にはなくて、すべてあることがよしとされます。それぞれ違うエネルギーですが、ジグソーパズルの1ピースのようなものです。

誰かが「本来の魂の姿に戻る」ということは、ジグソーパズルの一角が本来の形に戻るということなので、宇宙全体が完成に近づくわけです。だから、ほかのピースも喜ぶのです。

気づきと学びを通して身体ソウル・ウェイブを正す

自分に夢や目標があるとき、学びや気づきを経てソウル・ウェイブを正して、魂の振動波を整えて最終的に振動数を上げていけば必ずかないます。自分のエネルギーが一定期間ブレずに成り立っていることと並行して、周りの集合意識が一定期間ブレずにいるあなたのエネルギーを観察すると、周囲があなたにそうあってほしいと願うようになります。そのように集合意識は応援するのです。

「成功する人」と「しない人」の大きな違いは、周りが応援しているか、認めているかどうかです。最初は「あのバカがこんなことをするなんて、できるわけがない。やめろ」と反対しても、やり続けると、「あいつ、ひょっとしてできるのかもしれない」と認めはじめて、それを応援する集合意識が発生します。

集合意識の力はすごく強いということです。

あなたを応援してくれる集合意識をつくれるかどうかが成功のキーです。

集合意識をつくるには自分のエネルギーを正すことです。そういうふうに世の中を見ていくと非常におもしろいと思います。

自分の振動波を正すことによってよい集合意識をつくり出して、実現していく。それは自分だけでなく、すべてがハッピーになる社会をつくることになるのです。

なぜ自分を傷つける嫌な相手に出会ってしまうのか

これまでの人生で出会った人の中に最悪な人間がいて、ひどく傷つけられたり、落ち込んでいるという話はよく聞きます。

この地球社会で体験するすべての現象は、自分自身の魂がみずからの進化と成長のために選択したものです。

あなたに絡む人間関係も、例外なくこの法則のとおりです。

高次元ＤＮＡ情報に組み込まれたシナリオと情報をもとに、あるとき、あるところで、ある人と出会うわけです。それはシナリオのようなもので、体験する時間、場所、人を、魂は事前に知っているのです。

しかし、出会うには双方の意識が会うことに同意している必要があります。すべての交流はお互いに出会うことがそれぞれの魂にもプラスになることなので、出会いが実現するのです。

魂が選択して出会う相手には、大きく分けて2種類のタイプがあります。

その両方とも、魂が自己の進化と成長のために必要としています。

1つ目の人間の種類は、**自分と気が合う人**です。

これは、お互いの自己固有螺旋振動波の振動数が同一か倍数または整数分の整数の状態。つまり、振動波同士が増幅しあえる関係です。交流すると愉しかったり、気が楽な人、または尊敬できる人、好きな人です。


2つ目の人間の種類は、**自分と気が合わない人**です。

これはお互いの自己固有螺旋振動波の振動数が大きくずれる状態で、振動波同士が乱れ合う関係です。交流すると嫌な思いをしたり、疲れる人、または理解できないとか、嫌いな人です。


1つ目のタイプ「自分と気が合う人」においては、交流する相手と刺激し合い、交流を通して自分を成長させられます。気が合うのだから当然です。

でも、2つ目のタイプ「自分と気が合わない人」も、実は大事な交流相手です。お互いを乱し合うことで必要な気づきや学びを生み出し、それによりその乱れを修正するのです。
いずれのタイプも、自己の魂エネルギーの修正と向上のために、みずからが引き寄せるのですが、どちらかというと、2つ目の気が合わない人との交流から得る学びや気づきのほうが、1つ目の気が合う人との交流から得るそれらよりも重要で、魂エネルギーの修正と向上能力が高いわけです。これが、嫌な人が寄ってくる理由です。

気が合わない人間同士も、お互いの魂意識の同意を経て実現した出会いなのですから、自分を成長させてくれるその嫌な相手に感謝するべきです。

感謝すること自体、すでに気づきや学びが包括されていますから、感謝の気持ちを持った瞬間、その嫌な人が存在する必要がなくなります。結果として、その嫌な相手がよい人に変わったり、自分の前から消えていきます。感謝こそが、嫌な人間への最善の対処方法なのです。

お金とのつき合い方

お金のことにも触れておきましょう。

本来、魂と魂のエネルギー交流は意識によるものです。しかし、お金は誰でも使えるただの無機質のものであり、お金を介在させてしまうとそこの意識の交流ができなくなります。意識と意識の交流を完全に切ってしまうのです。だから、魂の学びにはなりません。それが人間を退化させる一つの原因でもあります。

ですから、お金なしでは生活できない今の地球社会ではお金と正しくつき合う新しい考え方が必要です。

正しいお金の使い方はこんな感じです。それは、**お金に感情を乗せてやるのです。**「私のこういう感情を乗せるからよろしくね。いつもありがとう」とお金に意識を乗せます。

お金は紙ですが、お金なりの振動、エネルギーで意識を持っていますから、そのお金が使用されるところに、その乗せられた想いを伝えます。

そして**正しい受け取り方をするところにお金が寄っていきます。**

だから、ただの紙幣と思わずに感情の媒介役にしてやる。

お金を出すときは「私の想いを届けてくれて感謝」、受け取るときは「想いを私に受け取らせてくれて感謝」という感覚で使っていくと、おカネは喜んで自分のところに寄ってくるし、離れるときも喜んで離れていってくれます。

松果体を活性化して不食・不眠へ

今地球に生きている地球人たちは、古い枠の中でしか生きていないので、食べないと生きていけない、眠らないと生きていけないというレベルにいます。

しかし、宇宙の本質としては原子転換、エネルギー転換ができるので、松果体を活性化して振動数を上げていくと不食・不眠の世界に入るようになります。

世界平和を乱している一つの要因は食糧難です。食糧を奪い合っています。それから、石炭、石油、原子力等のエネルギー源の資源です。

こういったものは、ソウル・ウェイブを正して振動数を上げていき、松果体の活性化を経て、さらなる高振動数のソウル・ウェイブが高い振動数を持つ自分にアクセスできるようになると、あまり食べなくても自分の中で自分に必要なエネルギーを産生できる要素がふえてくるし、エネルギーを外から受けなくても、自分の環境の中で必要なものをつくり出せるようになっていきます。

地球人の松果体が水晶（珪素）化して活性化していくと、地球を乱している要因も穏やかになっていくでしょう。

食べないようになると、消化、吸収、排泄で使うエネルギーが減っていくし、酵素とかホルモンの分泌も必要がなくなるので、エネルギーをあまり使わない身体になり、あまり眠らなくてもよくなります。今、眠れないと焦ったり、不眠は皆さんの感情をすごく乱していますが、眠らなくてもよくなれば24時間をもっと有効に使えるようになるし、社会効率もよくなるでしょう。

アース・ウェイブを取り入れる方法

ソウル・ウェイブは宇宙から降りてくるものです。

宇宙ソウル・ウェイブが脳の中心、松果体で変換されて、身体ソウル・ウェイブ、つまり神経の流れとして身体中に行っています。それは、人間のあるべき状態を教える情報です。

もう一つ、**人間は地球のエネルギー、アース・ウェイブを取り入れなければなりません。** このエネルギーは、ソウル・ウェイブの振り幅を増やし、それを強化します。

それは地球の中心から、上がってくるエネルギーです。このエネルギーの入り口である第1や第2チャクラの神経の通り道をきれいにすることが大事です。地球社会では「丹田《たんでん》」と言われています。

不安・恐怖を持っている人は、そこが詰まってしまいます。腰痛とか女性の生殖器の問題を持っている人も、エネルギーが入りにくい。ここを正す方法も、後で紹介します。

ソウル・ウェイブは自己のものですが、アース・ウェイブはその人のみならず、地球上に存在するすべての生命体、石、植物、微生物を含む動物のすべての集合意識エネルギー、つまり、おのおのの固有振動波の集合体が合体して、地球で反射したエネルギーそのものです。

エネルギーの螺旋としては人間を頭上から見ると右回りのままで、それを下から通してやることによって、上から降りてくるソウル・ウェイブを働きやすくします。振動螺旋波の振動数をふやす役割はソウル・ウェイブの大本から来ますが、振幅を大きくするのがアース・ウェイブです。この2つのウェイブが通っている必要があります。

ソウル・ウェイブだけ通っている人は、スピリチュアルを追求しすぎて、地球社会には適応できない人です。逆にアース・ウェイブだけ通っている人は、元気はあるけれども自分は何ものか人生で何をしたらいいかわからないので、苦しんだりします。苦しみ方が違います。ソウル・ウェイブとアース・ウェイブの両方通って初めて調和した人間になれるのです。

第8章

松果体そして人間を水晶（珪素）化する方法

最強の増強サイクルをつくる

皆さんの魂のエネルギー（自己固有螺旋振動波）の流れを正すのに必要な気づきや学びを得るには、自己の魂の誕生点であるゼロ・ポイントに近い自己振動波（宇宙の叡智）にアクセスできることが不可欠ですが、ソウル・ウェイブを正してその宇宙の叡智を取り入れるとその叡智は魂エネルギーの修正をサポートするとともに、エネルギーの変換器である松果体に原子転換を起こし、それを水晶（珪素）化します。

これが地球人の今まで知らされなかった最大の秘密です。

珪素化する松果体はさらに宇宙の叡智を取り入れられるようになり、ここに最強の増強サイクルができるのです。

脳の松果体は珪素化により、強力に活性化され、高いレベルの宇宙の叡智が取り込まれるので、自分の魂が選択した人生と身体の問題を体験する中で、より有効な気づきと学びを得ることができるようになり、結果として乱れた高次元のＤＮＡ情報を書きかえられるようになります。

以下、人間すなわち松果体を活性化する（水晶〈珪素〉化する）方法です。

①ドルフィンタッチ

私は、首の後ろを押すだけで身体ソウル・ウェイブを正し松果体を活性化する方法を提唱していますが、「押す」というより「触れる」だけでソウル・ウェイブに気づかせるのです。

背骨には、頸椎《けいつい》が7個、胸椎《きょうつい》が12個、腰椎《ようつい》が5個、全部で24個の椎骨があります。首の第2頸椎から下は椎間板《ついかんばん》というクッションで全部固定されていますが、第1頸椎と第2頸椎の間はクッションがなくて、グラグラの状態です。これは首を左右に回旋させるためです。人間はもともとサルに宇宙人の遺伝子がインプットされてきていますから、もともとの身体は立つという想定でできていません。

ボウリングの球のような重量の頭が、第1頸椎、第2頸椎にもろにかかるようになってしまいました。

ボウリング球の重さの頭が真上から載ってしまうと、第1頸椎は第2頸椎に対して、右か左か、どちらかで安定せざるを得ません。

母親のおなかの中で頭を右に傾けて入っていた人は右寄りになりやすいし、左に傾けて入っていた人は左寄りになりやすい。あるいは、産道を出てくるときの首の引っ張られ方、生まれてから今に至るまでの事故やけが、姿勢にも影響されます。


神経の通り道は、第1頸椎の穴と第2頸椎の穴が連なってできています。第1頸椎が片方に寄ることで、その通り道が狭くなることが問題で、その中の神経は、圧が少し加わっただけで伝達が悪くなります。

神経の通り道が乱れると脊髄という本幹が圧迫されます。

さらに、枝の片方が引っ張られて、もう片方が縮みます。そうすると、そこから下へ降りる情報の伝達が全部悪くなります。ここを正せば下へ行く伝達が全部よくなります。

例えば第1頸椎が右で安定している人は、右側の耳の後ろの乳様突起先端のすぐ下、すぐ前を触れます。強く押してはいけません。人間は繊細なので、軽く触れてやって、本来の正しい神経の流れをソウル・ウェイブに思い出させるだけです。ソウル・ウェイブの意識に語りかけるのです。

第1頸椎のドルフィンタッチは、中指だけで、耳たぶのつけ根の乳様突起先端の1ミリ前、1ミリ下（第1頸椎の横突起の位置）に触れます。触れると違和感があるほうが触れる側です。優しく触れてください。

第1頸椎を修正したら、次に問題になるのが第2頸椎です。

第1頸椎はいい状態になって整ったのに、どうしてソウル・ウェイブの流れがよくないのだろうと考察し、ここを発見しました。

第2頸椎は首の中で一番大きくて極端に重いので、後下方に下がりやすいのです。第1頸椎は左右のどちらかに寄りますが、第2頸椎は重力で後下方に傾きやすい。これも神経の通り道が狭くなって、ダメージを与えます。だから、一番上の入り口（第1頸椎）を整えたら、ここ（第2頸椎）も両手で軽く触れて戻してやる。こういう状態であるべきなんだとソウル・ウェイブの意識に思い出させると、あとは自然に正しい状態に持っていきます。

第2頸椎のドルフィンタッチは、首の上方で後ろの骨が出ているところ（第2頸椎の棘突起《きょくとつき》の位置）に、両手の中指を重ねて軽く触れます。下から軽く上げてやる感じです。

アース・ウェイブを通すランバータッチは、腰骨の左右に両手を当てて、そのまま指の向きにおろしていきます。両手が重なったところを軽く触れます。

骨盤は大きい骨で固定されています。そうすると、負担がかかるのは、土台のすぐ上の背骨、第5腰椎です。これは重力で前下方に傾きやすい。宇宙人の遺伝子が入って人間が立ってしまったので、想定外のことが起こったわけです。丹田を両手の指で

【ドルフィン・タッチのやり方（ソウル・ウェイブ）】

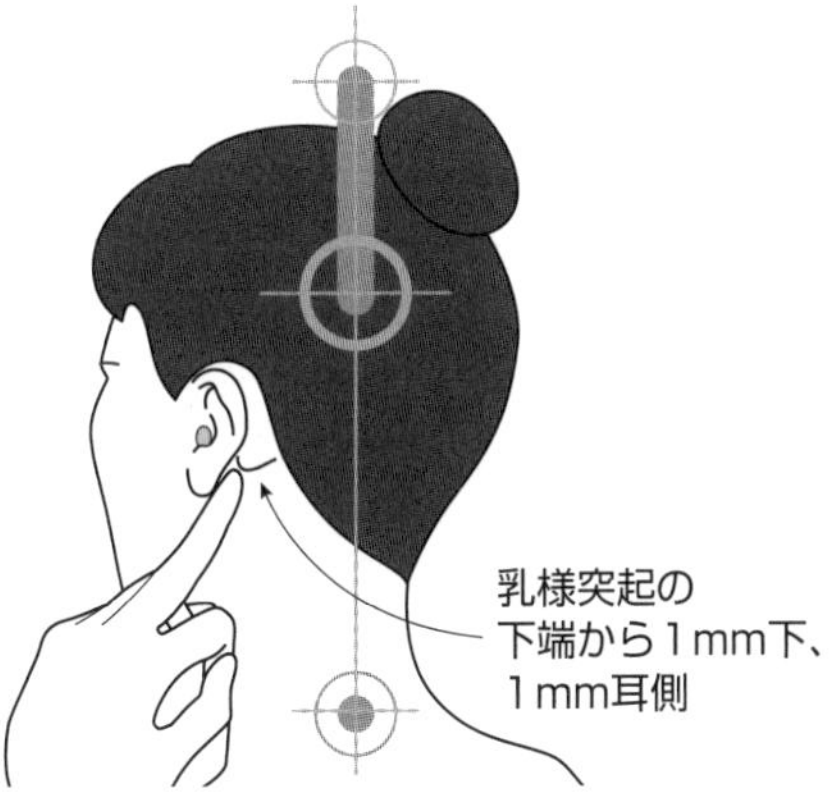

耳の裏側にある突き出た骨（乳様突起）の下端から1mm下、1mm耳側の部分に、中指の腹をそっと当てる。そのまま1分ほど、5秒で息を吐き、3秒で吸う複式呼吸を行う。左右を触れて、違和感のある一方のみを行う。わからないときは、左右同時に触れてもいい。

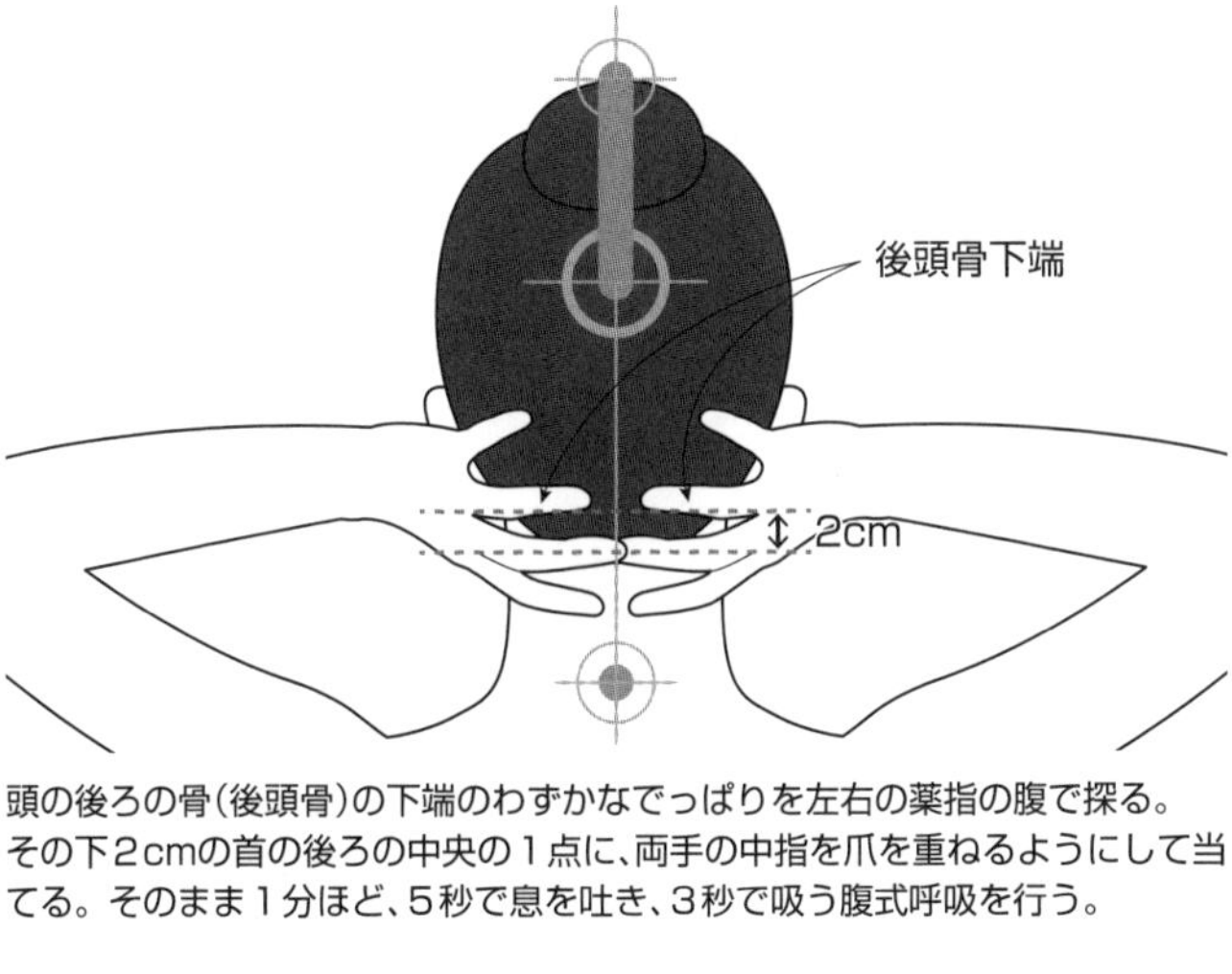

頭の後ろの骨（後頭骨）の下端のわずかなでっぱりを左右の薬指の腹で探る。その下2cmの首の後ろの中央の1点に、両手の中指を爪を重ねるようにして当てる。そのまま1分ほど、5秒で息を吐き、3秒で吸う腹式呼吸を行う。

【ドルフィン・タッチのやり方（アース・ウェイブ）】

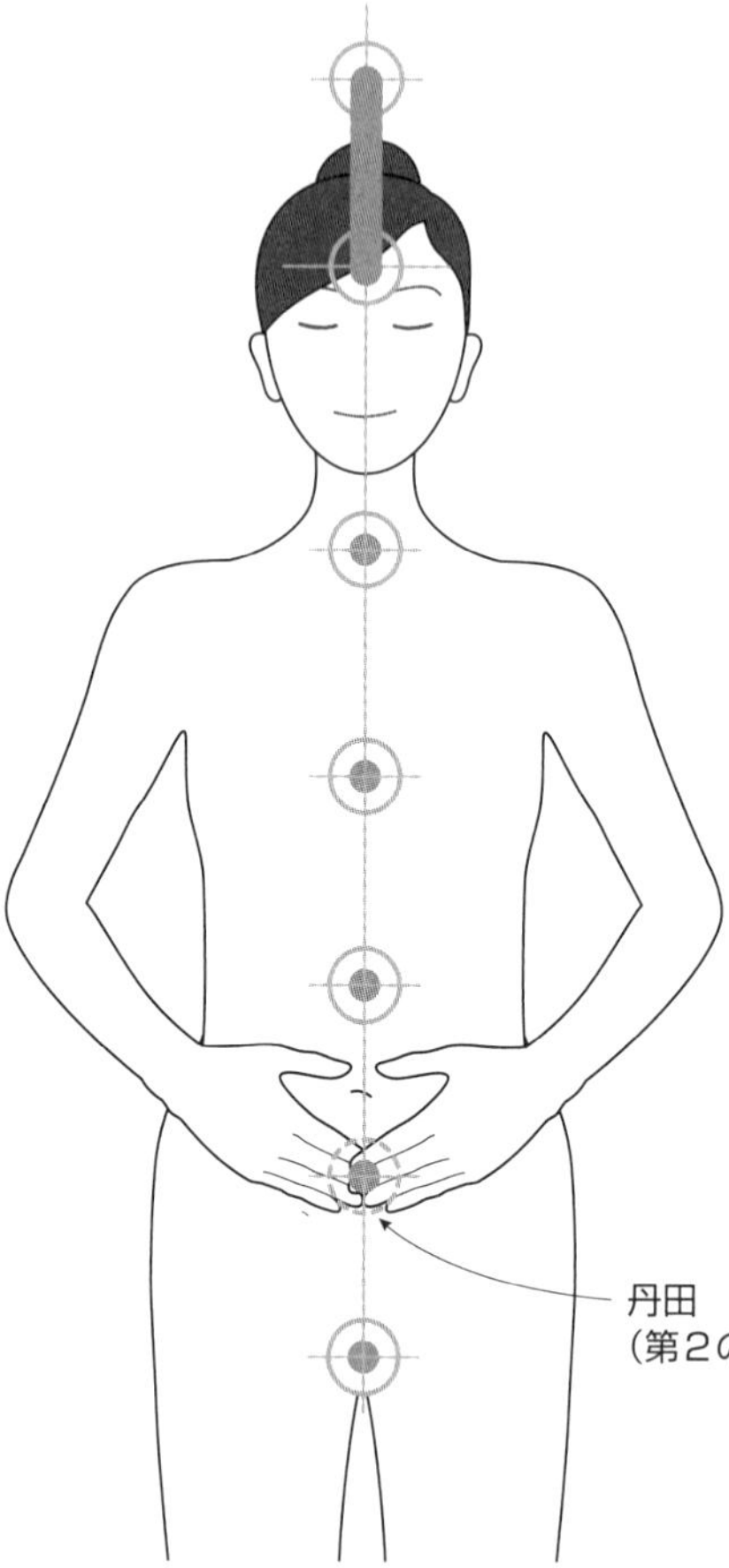

おへそを囲むように両手で三角形を作り、指先だけ重ね合わせる。
指先が重なった部分が丹田（たんでん）、第2のチャクラだ。地球からエネルギーを取り入れてソウル・ウェイブを強化するイメージで、1分を目安にゆっくり複式呼吸を繰り返す。

触れて、よい状態を思い出させてやる。あとは自然に正しい方向にいきます。

②ドルフィンフレーズ

ドルフィンフレーズは心の中で言葉にします。言葉に出して言っても構いません。言霊《ことだま》といって、言葉の威力は非常に強いので、5つのチャクラエネルギーに作用し、身体ソウル・ウェイブを正し、松果体を活性化させます。

「今の自分は大丈夫」
「今の自分に感謝」
「今の自分が大好き」
「今の自分をよく知っている」
「今の自分は宇宙のすべて」

という5つのフレーズです。これを時々唱えます。

③ドルフィンチャージ（珪素摂取）

人間を珪素化するためにはどうしたらいいでしょうか？

水晶を持ち歩いたり、水晶と仲良くすることも大きな手段ですが、体内に珪素を入れるのが一番手っ取り早いし、強力です。

珪素を身体の中に取り入れていくことによって、松果体を活性化させます。

珪素化されると、食べるべきものを食べたくなるし、そんなに食べる必要がなくなってくるので、食べたいときに、食べたいものを食べるようになります。

また休養はそんなに必要がなくなっていくし、必要なときに眠るようになります。眠れなければ一日中起きていればいいのです。眠らないと、次の日の仕事に支障があるというので焦って、眠剤を飲んで体調を崩すのです。眠くなければ眠る必要はないし、食べたくなければ食べる必要はありません。

このように、珪素化すると必要なときに必要なものを食べたくなるし、必要なときに休養をとり、運動をしたくなります。直感が冴えてそういうことが適切に、自由にできるようになります。

体内に摂取する珪素には、いろんな製品がありますが、ドクタードルフィン公式ホームページで珪素情報とともに私が最もよいと考える珪素製品を紹介していますし、購入もできるようにしてありますので、ぜひすべての地球人にお勧めします。

少し前までは、水素水の時代でした。水素水も悪いものではありませんが、過剰な酸素を還元するというサプリメントです。

珪素はサプリメントではなく万能剤です。体に有害な薬物ではなく、自然界に存在する元素です。人間に必要な松果体、胸腺、ミトコンドリア、解毒、再生の5つの力をパワーアップさせる力があります。ほかのものとは次元が全く違います。これから人類全員が摂るべきです。動物も植物も摂るべきです。

④ 松果体を活性化させる最強の方法

その他として最も効果の大きい2つの大きな方法があります。

今までの文章で述べたことですが、1つは、今までの古い地球社会の常識と固定観念で培われた知識と情報を使用しないこと。もう1つは、すべての人生と身体の問題は、自己の魂の選択であると受け入れることです。

これらにより、松果体は宇宙の叡智をより強力に取り入れ水晶（珪素）化します。

第9章

地球は傷つく場、泣きたくなる場です

病気と困難は魂のエンターテインメント

身体と人生の困難は、魂が自分を進化・成長させるために選択した題材です。魂が進化・成長するためにやることは、実は苦悩ではなく、エンターテインメントなのです。だって、自分が楽で愉しくなるためにやる過程なのだから。

残念なことに、今の地球社会では、病気と困難はネガティブなもので、ないほうがいいもの、あってはいけないものという常識と固定観念で成り立っています。いつももがいています。

病気と困難は学びだとか、自分に必要なものだとか、自分が設定したものだと書いてある本は今までもたくさんありました。しかしそれはいずれも本質をついていません。「エンターテインメント」と受け止めることで、自分にとって本当にいいことだというように認識を変えてほしいのです。DNAを修正し、魂が進化、成長できるのですから「愉しみなさい」というメッセージです。

痛みがあるのにどうやって愉しむのか、お金がなくて生活できないのにどうやって愉しむのかと思われるでしょうが、ここで大事なのは、この本を読んでいるこの瞬間、あなたは生きているということです。本当は、あなたは生を持っているからすごく幸せなのです。つまり、**今あなたが幸せでないのは、1分後、1時間後、1カ月後、1年後にどうあろうかということを設定して不安を持っているからです。そして、他人と自分をくらべているからです。**

ここでパラレルワールドの原則を適用すると、振動数は瞬間的に変えられます。地球という3次元世界では自己の意識を置く自分しか体験していませんが、高い宇宙の叡智にアクセスできたときに振動数は上がるので、次の0・00001秒後には自己の意識を置いてないエネルギーの超素粒子に瞬間的にワープできます。

ということは、今だけが成り立っているので、今の連続であるから、例えば1年後にあなたが不幸になるのは、今の瞬間がダメな状態で連続するからです。

今、病気だ、苦痛だ、痛みがあるというとき、どうして自分は不幸だと思うかというと、過去の痛みのないときを知っているからです。未来にもっと悪くなったらどうしようと思うから不安でしようがない。

比較するものがなければ、人間はそこに何の感情も持ちません。それに対していいも悪いもない。地球人の癖は、過去の経験、体験とか、今のメディアや他人の知識や情報とか、未来の自分の想定に基づいて、今良いか悪いかを置くのです。

宇宙の魂は、なりたい自分に瞬間的に変身できます。同じ自分でいることはありません。それなのに、地球人は変われないと思っているので、過去の続きの未来しか見られないのです。

絶対法則として、苦があるから楽がある。陰陽論でも、エネルギーの法則でも、右螺旋と左螺旋の法則でも、必ず両方なければ成り立ちません。

つまり、**苦しみを感じられる人は愉しみを感じる能力を持っているのです。**

病気や困難も自分が設定して、さらに、楽で愉しくという魂の本質を生きるための材料だということをどこかで少しでも感じられれば、苦しくても、この苦しさはどう展開していくのだろうか、自分をどう変えてくれるのだろうという感覚を持つことができます。これがエンターテインメントです。

倒産したとか、離婚したとか、人に裏切られておカネを奪われたとかいうこともエンターテインメントです。この地球のネガティブなストーリーを通して、自分はどう進化していくのだろう、どう成長していくのだろうという感覚を持てることが、魂の喜びなのです。魂が躍るのです。

大切なことはすべて、自分が選択したということです。
魂は、自分の進化と成長につながることしか選択しません。

地球概念でネガティブとされることも本当はすべてポジティブなのですが、地球の低い次元によると、ネガティブとされたままなのです。

あなたが良い人間になりたいなら、悪い人間も必要です。

あなたが幸せになりたいなら、不幸を味わうことも必要です。

不幸を知っているから幸せとわかる。つまり、ネガティブな経験ほど、自分が幸せに向かういい材料だということです。

新地球人に必要な共存という方法

地球人が考えるのは、「解決＝身体と人生の問題がなくなること」です。これしか解決法を持っていません。だから、大事なものが見えないのです。

がんがなくなるとか、友達との確執がなくなるとか、経済危機がなくなるとか、消退にもいろいろありますが、これは古い地球社会の生き方です。

地球の常識と固定観念で、「病気や困難がある＝不幸」という方程式が成り立っていたために、共存という方法が今まで見逃されてきました。

病気でも困難でも、自分の魂の進化と成長のために選択したものという概念が入ってくれれば、「それはどういうものを自分に与えてくれるのだろう」という感覚を持ちながらうまくつき合っていくうちに、「あってもいいや」という認識になるのです。

じつは**あったほうがいいやという概念になると、あったまま楽になっていきます。あっても、いいことが起きてくるようになるのです。**

それは今まで地球になかった概念です。

現代医学や現代社会の盲点

現代医学や現代社会にある手段を用いて問題を消去すると、人間の進化と成長を妨げます。病気を薬で無理やり消したり、手術で取り去ったり、困難に対して無理やり外から人生環境を変えたりすると、気づきや学びを得られません。

だから、消去を急いではいけません。問題を持ったまま解決していくのです。

課題の場である地球を乗りこなそう

皆さん、よく地球にいらっしゃいました。皆さんの勇敢な魂を祝福します。

皆さんは、自分の魂の修正をするために、あえて困難な地球を選択してきたのです。

もっと楽な星もあったのに、そこでは修正能力が低いから、大変な思いをしても大きな修正を起こそうと地球にやってきたチャレンジャーです。

ただ、皆さんは勇敢な魂を持っているのに、選んだことを全部忘れてしまって、思い出せないために、苦しんだままで地球で生きています。


地球は傷つく場、裏切られる場、病気で苦しむ場、泣きたくなる場です。

これが皆さんがあえて選んだ地球の特性なのです。

その特性から逃げたら地球に来た意味がありません。ほかのところに行けばよかったのです。そういう低いエネルギーを持つ魂は自己だけでなく地球にとっても悲しいものです。

自分の身体と家庭環境、社会環境を選んだあなたが、ここにいます。

違う人間に生まれたらよかったのに、違う環境に生まれたらよかったのにというストーリーはありません。今の自分の身体、自分の人生があなたが選んだストーリーの100%です。最高傑作です。魂は一番いい題材しか選ばないからです。

なぜならあなたは、この宇宙で「楽で愉しく」生きるために存在しているのだから。

地球に生まれたことのストーリーを知った上で、今の自分の身体、自分の人生をどうか愉しんでください。

そうです。これからの新しい地球を生きる、新しい地球人は、水晶（珪素）化しながら「楽で愉しい」自分を発見して魂のジャーニーを歩んでいくのです。

あとがき

地球人である皆さんは、人生と身体に起こる問題にうまく対処できていません。

どうして自分がこんな目にあうんだ、と、もがいています。

これは、宇宙の中の生命体として、あるべき正しい姿ではありません。

宗教／人生相談や薬／手術の現代医学は、心と体の表面をごまかすだけで、あなたの魂はさらに乱れてしまいます。

これからの進化する地球人は、自分以外に頼ることなく、自分自身で人生と身体をコントロールします。

人生と身体の問題にもがかずに、楽で愉しく生きるようになります。

この書では、その地球人進化の仕組みと、その方法をお伝えしました。
楽で愉しく生きる新地球人は、イルカのエネルギー〝愛と調和〟でいっぱいに満たされるでしょう。

松久　正

2017年3月吉日

地球人進化クリエイター　ドクタードルフィン
松久 正　まつひさ ただし
鎌倉ドクタードルフィン診療所院長（全国各地、海外より患者来院、新規予約数年待ち）。

慶應義塾大学医学部卒、パーマーカイロプラクティック大学（米国アイオワ州）卒。

日本整形外科学会認定整形外科専門医、日本医師会認定健康スポーツ医、米国公認ドクター・オブ・カイロプラクティック。

国内で地元の三重大学整形外科に入局、現代医学（整形外科）に10年従事、米国の新たな10年で自然医療（ガンステッド・カイロプラクティック）を習得。帰国後、2009年4月、鎌倉に診療所開院。その過程で、それまでの既存医療と目に見えない領域（量子学、エネルギー医学、スピリチュアル）を融合した新次元の『魂の超医療』を創造する。

高次元シリウスから地球にイルカとして転生後、人間としての多くの地球生にて、「楽で愉しく生きる」という地球人の正しいあり方を説いてきたが、今生は、その使命を完結させる最終章。

いままでの地球社会に存在しない、新地球人になるための新しい知識と情報を、セミナー、スクール（学園）、ラジオ、ブログ、メルマガ、動画、著書で発信している。

多くの著書のうち、『「首の後ろを押す」と病気が治る』は健康本ベストセラー、『「首の後ろを押す」と病気が勝手に治りだす』（ともにマキノ出版）はその最新版。他に、『Dr.ドルフィンの地球人革命』（ナチュラルスピリット）などがある。

ドクタードルフィン公式サイト
http://drdolphin.jp/

高次元シリウスが伝えたい
水晶（珪素）化する地球人の秘密

第一刷　2017年4月30日
第五刷　2017年7月1日

著者　松久　正

発行人　石井健資
発行所　株式会社ヒカルランド
〒162-0821　東京都新宿区津久戸町3-11　TH1ビル6F
電話　03-6265-0852　ファックス　03-6265-0853
http://www.hikaruland.co.jp　info@hikaruland.co.jp
振替　00180-8-496587
本文・カバー・製本　中央精版印刷株式会社
DTP　株式会社キャップス
編集担当　豊島裕三子

ISBN978-4-86471-478-5

ヒカルランド　好評既刊！

地上の星☆ヒカルランド　銀河より届く愛と叡智の宅配便

メンタルサプリ
自分を操るポジティブな心理学
著者：メンタリスト DaiGo
四六ソフト　本体1,500円+税

「人生のゴールを設定すれば幸せになれる」「夢をノートに書けば」「瞑想すれば……」幸せになるためのノウハウは、数えきれないほどあります。しかし、なぜ多くの人は「幸せになるための方法」を使って幸せになることができないでしょうか？　それは、具体的な方法の前に、土台となる原則がわかっていないからです。「幸せの原則です」。幸せになれたから成功できた、メンタリストDaiGoの秘密が本書にあります。
◎幸せな人のメンタルの習慣　◎膨大な情報があるのに、なぜ知識が増えないのか？　◎アナログな手段を使って、新しい発想を生み出す　◎自己コントロール力や集中力を上げるには　◎新しい行動をラクに習慣化する方法　◎幸せになるための3つの原則　◎人生の幸福度を上げる7つの行動　◎幸せになる人間関係を作る5つの姿勢　◎引き寄せの法則の生かし方　◎つい、他人と比べてしまったときの修正法　◎あなたの自信を取り戻し、他人の強みを活かす発想ができるようになるワーク　◎当たり前の思考を変えるエクササイズ　◎出会いを増やし、付き合う人を選ぶ能力を高めるエクササイズ　◎寝る前の10分で幸せになる方法　◎競争から降りても成功できる秘密

時間と空間を突破する叡智を授ける
著者：Kan.、ゲリー・ボーネル
四六ソフト　本体1,667円+税

レムリア・アトランティスの叡智を伝えるゲリーボーネル氏と縄文以前（上古代）の叡智を伝えるkan.氏。時空を自由に超えて移動する二人のワークショップ（2015年1月開催）が書籍になりました！　二人の過去生のつながりがわかる特別対談も掲載!!

時間と空間を超えていくこと以外、この時代を生きる知恵はありません。
◎私たちがなぜ、時間と空間の中に閉じ込められてしまうのか？　◎中央アジアの高原で出会ったサウンドは、テレポーテーションの原点　◎時空のしかけ／人間は二つの川で生きている　◎二人の過去生／イギリス、エジプト、インド　◎タオの考え方／脳と指は不思議な関係性を持っている　◎脳の中には次元を突破するきっかけになる部分がある　◎自分の脈に耳を傾ける／時空を突破するエッセネ派の技法　◎印の世界／閉じ込められた世界を突破する力をつける　◎脳に丹田のエネルギーを上げる方法　◎怒りのエネルギー使って第3の目を開く　◎天使と次元存在を召喚する儀式◎次元存在につながれば、皆さんの人生はドラマチックに変わります　◎空（くう）とは無限のキャパシティ　◎ユニバース（宇宙）の裏にある本当の目的　◎3次元に隣接しているパラレルな次元が33個ある　◎別次元からのエネルギーを引き寄せて、奇跡を起こす

ヒカルランド　好評既刊!

地上の星☆ヒカルランド　銀河より届く愛と叡智の宅配便

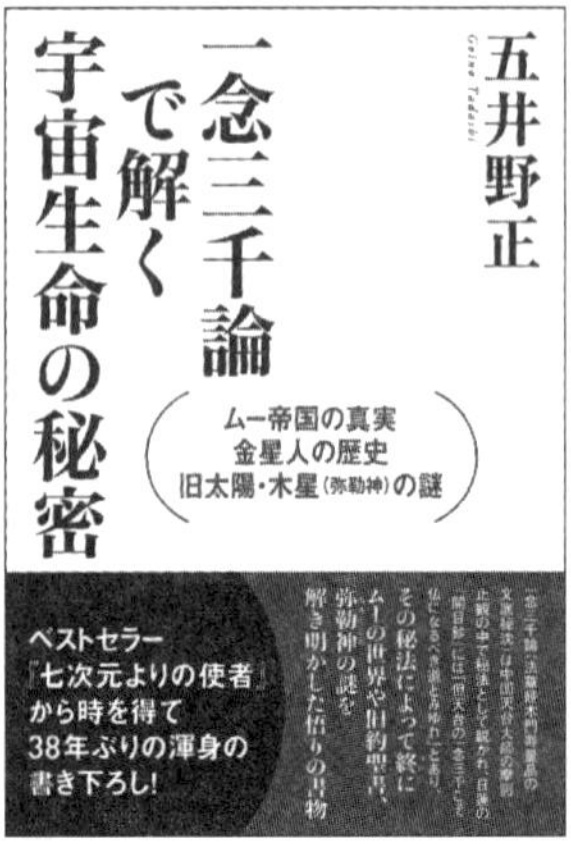

一念三千論で解く宇宙生命の秘密
著者：五井野正
四六ソフト　本体1,667円+税

天才五井野正博士だけが知っている
この世の重大な真実
著者：小笠原英晃
四六ソフト　本体1,667円+税

時間と空間、物質を超える生き方
著者：成瀬雅春
四六ソフト　本体1,667円+税

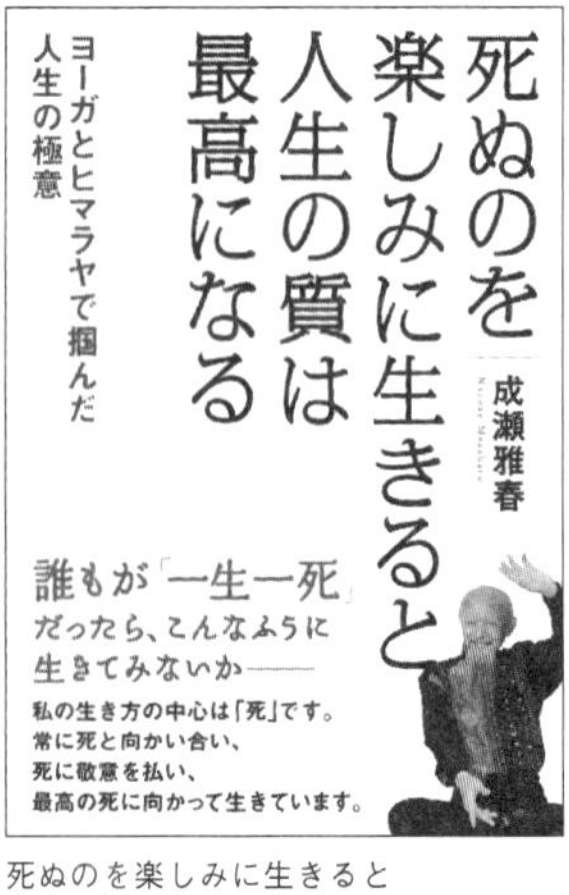

死ぬのを楽しみに生きると
人生の質は最高になる
著者：成瀬雅春
四六ソフト　本体1,620円+税

本といっしょに楽しむ ハピハピ♥ Goods&Life ヒカルランド

水晶の耀き

販売価格　1個　12,960円（税込）
内容量：150mℓ
原料名：水溶性硅素複合ミネラル濃縮液、富士天然水、貝 Ca

硅（ケイ）素で健康に！
霊峰富士の湧水（バナジウム水）と水晶の水溶液に多種のミネラル成分を配合

◆水溶性硅（ケイ）素

水晶は硅（ケイ）素という元素の純粋な結晶体のことです。ドイツに於ける最近の研究で、水晶を粉末の状態で摂取する試みがなされ、良好な結果が得られたという報告が出されました。しかし、いくら細かい粉末にして飲んでも、体内で結石が出来てくることが指摘されたことから、新しい試みとして水晶を液状化して飲むことが研究されるようになりました。

◆硅（ケイ）素の持つ『生命維持能力』

硅素は一定の周波数をもつ波動を出すことが分かってきています。この波動は水にぶつかることによりマイナスイオンを発生させます。動物・植物の体内にマイナスイオンが発生することにより、マイナスイオンをエネルギー源とする生体内の微小生命体は強いエネルギーを得ることが出来ます。この微小生命体は生体内の全器官に存在しそれぞれの部位で生命維持活動を行っていることがわかってきており、これがソマチットと呼ばれる驚異的なエネルギー体なのです。

～飲用方法～

★毎日の水分補給時に！　水やお茶、コーヒー、紅茶、ジュースなどいろいろな飲み物に入れて！……緑茶、紅茶は渋みが和らぎ、コーヒーは酸味が和らぎ香り高くマイルドな味わいになります。炭酸系は気が抜けやすくなりますのでお控え下さい。およそ200mℓの量に対して【水晶の耀き】１mℓを目安に。
※１日当たり摂取量は５mℓを目安にして下さい。

【お問い合わせ先】 ヒカルランドパーク

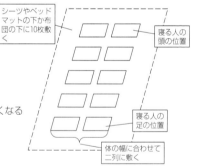

イヤシロチ・パウダー（Yoshihama Powder）

イヤシロチパウダー（YOSHIHAMA POWDER）とは？

あらゆる空間をパワースポットに変える、魔法のようなパウダーです。

ブラックトルマリン、ゲルマニウム、ブラックシリカ等13種類の天然鉱石を微粉末にしてブレンド。

有効微生物を培養し、その波動を転写しています。

天然鉱石により波動エネルギーが高まり、微生物波動により抗酸化作用が高まります。自宅やオフィスの床に敷くだけ、引越しの時に簡単に持ち運べ、効果は半永久的（一生使えます）。

イヤシロチとは？

癒される土地、癒しの空間、パワースポットにいるような快適な土地のことです。森の中や昔からある神社に行くと、清々（すがすが）しい雰囲気を感じると思います。このような場はイヤシロチ（弥盛地、癒しろ地）と呼ばれています。

イヤシロチにいると、動物や植物はもちろんのこと、ほとんどの人は気分が良くなり、快適で健康的な日常を過ごせるようになります。

その上、人生全体の運気が上昇し、仕事や経済、結婚生活、恋愛等生活の多くの場面がうまく進むようになります。このような素晴らしい夢のような空間が、だれでも簡単に手に入れることが可能になりました。

夢と希望あふれるイヤシロチで元気いっぱい暮らしましょう。

●イヤシロチ・ベッド「ぐっす眠」の使用方法…右図をご参照ください。
イヤシロチ・パウダーはＡ４サイズの平たい袋に入って届きます。パウダーが片寄っている場合は袋全体に均一になるように手でならして下さい。

右記のようにベッドマットや布団の下にイヤシロチ・パウダー10枚を敷きます。

まれに好転反応が出ることがありますので、その場合は一週間くらいかけて少しづつ増やして下さい。